KARIBU – Ein Verlag der Edel Verlagsgruppe

1. Auflage 2024

Die englischsprachige Originalausgabe erschien 2021
unter dem Titel „This book is full of brains“ bei Buster Books
An imprint of Michael O’Mara Books Limited
9 Lion Yard, Tremadoc Road, London SW4 7NQ
Umschlagillustration: Josy Bloggs
Innenillustrationen: Josy Bloggs und Liz Kay
Übersetzung: Cornelia Panzacchi
Umschlaggestaltung: Suse Kopp
Layout und Satz: Makoto Watanabe, Berlin
Druck: optimal media GmbH, Röbel
ISBN: 978-3-96129-410-7
Printed in Germany

www.karibubuecher.de

TIM KENNINGTON

IN DEN KOPF GESCHAUT

Was das Gehirn alles kann

Illustriert von Josy Bloggs und Liz Kay
Aus dem Englischen von Cornelia Panzacchi

KARIBU

INHALT

Dieses Symbol zeigt dir, dass du etwas selbst ausprobieren kannst.

HERZLICHEN GLÜCKWUNSCH!

Du besitzt etwas Unglaubliches: ein Gehirn! Vielleicht ist es dir noch gar nicht aufgefallen, doch dein Gehirn hilft dir ununterbrochen zu verstehen, was um dich herum geschieht.

Und nicht nur Menschen besitzen unglaubliche Gehirne. Auf den folgenden Seiten erfährst du viel über Tiergehirne, Dinosauriergehirne und sogar über Robotergehirne.

Weil Gehirne so faszinierend sind, werden sie von zahlreichen Wissenschaftlerinnen und Wissenschaftlern erforscht, die man Neurowissenschaftler nennt. Vielleicht möchtest du ja auch Neurowissenschaftlerin oder Neurowissenschaftler werden, nachdem du dieses Buch gelesen hast.

Mach dich auf einige **ÜBERRASCHUNGEN** gefasst!

Falls du hier im Buch auf Wörter stößt, die du noch nicht kennst, kannst du sie im Glossar auf Seite 92 nachschlagen.

1

DIE GRUNDLAGEN

Dein Gehirn verfügt über Superkräfte! In jeder Sekunde führt es mehr als eine Trillion Berechnungen durch. Das sind mehr Berechnungen, als es Sterne in unserer Galaxie gibt. Wenn du eine Trillion Reiskörner hättest, könntest du damit einen großen Wolkenkratzer wie das Empire State Building 85 000-mal füllen!

Tatsächlich glauben Forschende, dass ein einzelnes menschliches Gehirn mehr kann als sämtliche Computer der Welt zusammen.

Aber was ist dein Gehirn? Wie sieht es aus? Wie arbeitet es? Und wie ist es mit deinem übrigen Körper verbunden?

Blättere um, und lerne dein brillantes Gehirn kennen!

WIE GROSS IST DEIN GEHIRN?

ES IST NICHT SEHR GROSS, ABER DAFÜR SEHR SCHLAU

Natürlich kannst du dir nicht den Schädel aufsägen, um dir dein Gehirn anzuschauen (nein, bitte *versuch es nicht!*). Aber wie kannst du sonst herausbekommen, wie es aussieht und wie viel es wiegt?

PROBIER ES AUS: MACH MAL EINE FAUST!

Wie groß das eigene Gehirn ist, lässt sich ganz leicht herausfinden: Balle beide Hände zu Fäusten und drücke sie gegeneinander. Dein Gehirn ist ungefähr so groß wie deine beiden Fäuste zusammen.

Ein bisschen sehen deine Fäuste auch wie dein Gehirn aus. Die Ritzen zwischen deinen Fingern erinnern an seine Windungen.

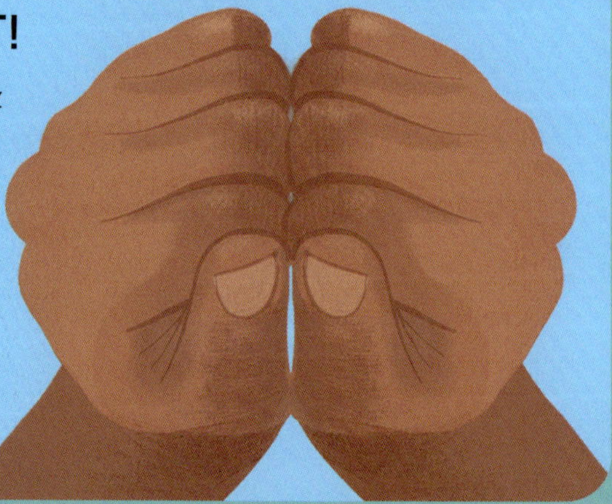

GEHIRNGEWICHT

Das Gehirn eines erwachsenen Menschen wiegt ungefähr 1,3 kg – etwa so viel wie 11 Bananen oder:

- ein 12 Wochen altes Kätzchen
- zwei Eichhörnchen
- 13 Tafeln Schokolade

EINSTEINS EINZIGARTIGES GEHIRN

Sind denn alle Gehirne gleich groß, und sehen sie alle gleich aus? Was ist zum Beispiel mit dem Gehirn von Einstein? Er war einer der brillantesten Wissenschaftler aller Zeiten. Sein Gehirn müsste doch größer und schwerer als andere Gehirne gewesen sein, oder?

FALSCH!

Nach Einsteins Tod 1955 fanden Forschende heraus, dass sein Gehirn leichter als das Durchschnittsgehirn war. Allerdings war sein *Scheitellappen* um 15 Prozent größer als der Durchschnitt. Das ergibt Sinn, denn der Scheitellappen ist für Rechnen und Mathematik zuständig, und Mathematik war Einsteins Stärke!

Albert Einstein

SCHON GEWUSST?

Obwohl ein Gehirn wie eine riesige verschrumpelte Rosine aussieht, ist es sehr weich, wabbelig und feucht.

Tatsächlich besteht jedes Gehirn zu zwei Dritteln aus Wasser. Du kannst dir das Gehirn auch als wahnsinnig schlaues Gummibärchen vorstellen.

DIE LEBENSGESCHICHTE DEINES GEHIRNS

WIE DEIN GEHIRN WÄCHST (UND SCHRUMPFT)

Solange du wächst, wächst dein Gehirn mit. Aber wusstest du, dass es eines Tages zu schrumpfen beginnt? Hier erfährst du, wie das Gehirn im Laufe deines Lebens seine Größe verändert.

EMBRYO

25 Tage nach der Befruchtung entsteht das Gehirn, das anfangs so groß wie ein Mohnsamen ist. Es bildet sich ein sogenanntes *Neuralrohr*, aus dem später dein Gehirn und dein Rückenmark werden.

BABY

Im Alter von drei Monaten war dein Gehirn doppelt so groß wie bei deiner Geburt, nämlich so groß wie ein Apfel und halb so groß wie das eines Erwachsenen.

KIND

In deinen ersten Lebensjahren musstest du lernen, wie die Welt funktioniert, und außerdem auch noch sprechen und laufen. Das Gehirn eines Kleinkinds hat 80 Prozent der Größe eines erwachsenen Gehirns, aber es ist doppelt so aktiv!

ERWACHSENE

Nachdem du 18 Jahre alt geworden bist, wirst du vermutlich nicht mehr größer, dein Gehirn aber wächst trotzdem weiter. Jene Teile, die dir helfen, vernünftige Entscheidungen zu treffen und Gefahren zu erkennen, wachsen ungefähr bis zum 25. Lebensjahr.

UND SPÄTER?

Im Alter von etwa 40 Jahren wird das Gehirn weniger aktiv und schrumpft von nun an in jeweils zehn Jahren um etwa fünf Prozent. Ab dem Alter von 60 oder 70 Jahren ist jener Teil des Gehirns, der sich mit Erinnerungen befasst, beeinträchtigt.

SCHÜTZE DEIN GEHIRN!

SCHÄDEL SIND NICHT UNKAPUTTBAR

Dein Gehirn ist empfindlich. Der Schädel schützt es vor Verletzungen. Doch das reicht noch nicht ganz, denn Gehirne leben gefährlich.

PROBIER ES AUS: DAS EI IM GLAS

Hol dir ein Ei. Wenn du es in ein Schraubglas legst, wird es durch das Glas auf dieselbe Weise geschützt wie dein Gehirn durch den Schädel. Doch was passiert, wenn du das Glas schüttelst? **UUPS!** Das Ei zerbricht.

Nächster Versuch: Fülle das Glas mit Wasser, lege das Ei hinein und schraube den Deckel auf das Glas. Wenn du jetzt schüttelst, schützt das Wasser das Ei davor, gegen die Glaswände zu prallen. Auch dein Gehirn ist im Schädel von einer Flüssigkeit umgeben, der *Zerebrospinalflüssigkeit*. Sie verhindert, dass dein Gehirn gegen die Schädelwände prallt – genau so, wie das Wasser das Ei schützt.

SCHWACHSTELLEN

Dein Schädel besteht nicht aus einem einzigen Knochen, sondern aus 22 Knochen, die mit der Zeit zusammenwachsen. Bei der Geburt aber war der Schädel noch nicht ganz geschlossen. Im Schädel von Babys gibt es *Fontanellen*. Das sind Knochenlücken, die sich erst nach ein paar Monaten schließen.

WARUM BEKOMMEN SPECHTE KEINE KOPFSCHMERZEN?

Hast du schon mal einen Specht dabei beobachtet, wie er auf einen Baumstamm einhämmert? Er schafft 20 Schnabelhiebe pro Sekunde!

Dass er dabei keine Kopfschmerzen bekommt, liegt daran, dass er ein extrem kleines und leichtes Gehirn hat.

Das Eigenartigste am Specht ist aber seine Zunge: Sie ist so lang, dass sie um das gesamte Spechtgehirn herumreicht!

SIND NERVEN NERVÖS?

WAS GENAU IST DAS NERVENSYSTEM?

Falls du glaubst, dein Gehirn schwimmt einfach so im Schädel herum und erteilt dem Körper Befehle, dann liegst du falsch. Tatsächlich ist das alles viel komplizierter. Zusammen mit anderen Teilen deines Körpers bildet das Gehirn das *Nervensystem*.

In dieser Abbildung siehst du den Aufbau deines Nervensystems.

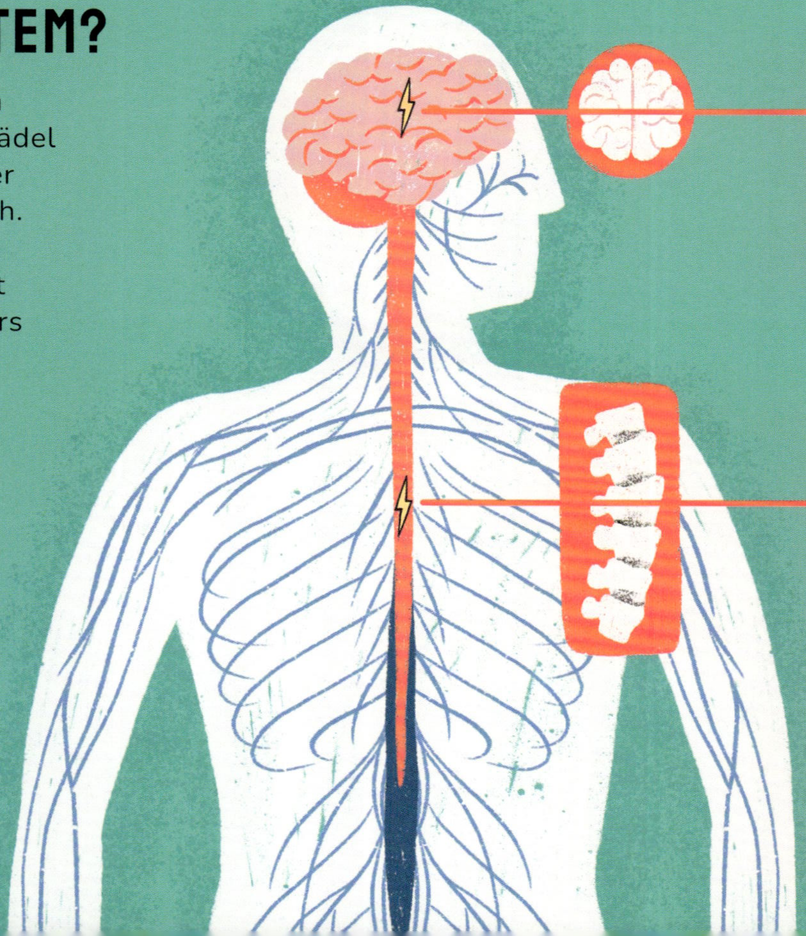

GEHIRN

Dein Gehirn ist der Superstar des Körpers und seine Kommandozentrale.

RÜCKENMARK

Dies ist der Hauptweg, auf dem Informationen vom Gehirn in den Körper reisen. Das *Rückenmark* ist sehr wichtig, und Verletzungen können Lähmungen zur Folge haben. Geschützt wird es durch die Wirbelsäule.

AN ALLE SYSTEME!

Das Nervensystem ist das wichtigste System in deinem Körper. Es steuert die folgenden Funktionen:

♥ Intelligenz, Lernvermögen und alle Gedanken und Gefühle.

✍ Bewegungen wie Tanzen, Zeichnen und Lächeln.

✌ Grundlegende Körperfunktionen, über die du nicht nachdenken musst, wie Atmen, Verdauen, Schwitzen und Frieren.

☞ Die Sinne: Sehen, Hören, Tasten, Schmecken und Riechen.

✚ Deine Fähigkeit, Schmerz wahrzunehmen und darauf zu reagieren.

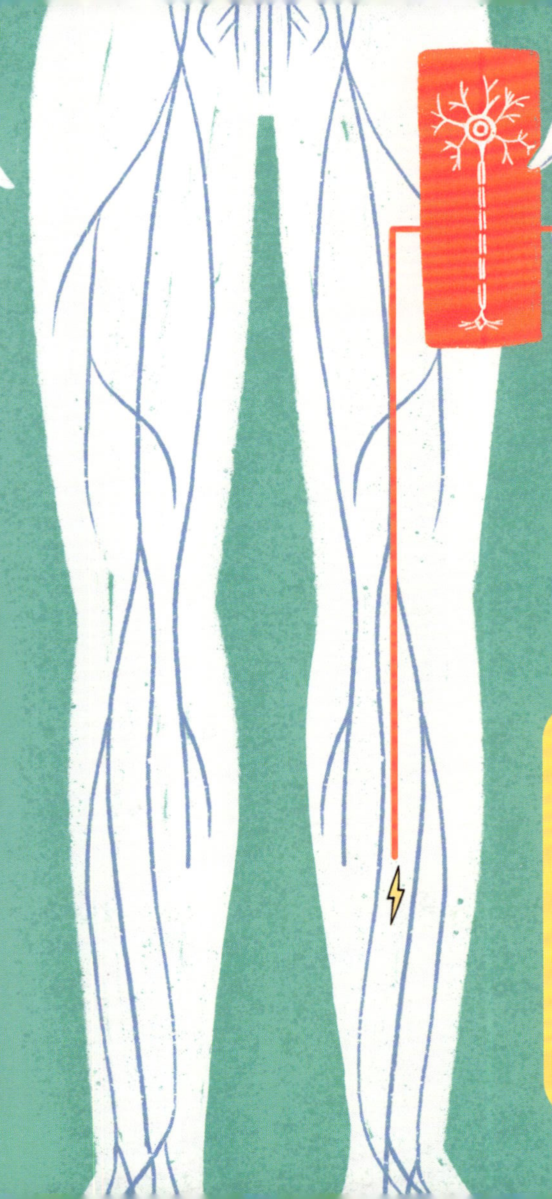

NERVEN

Nerven durchziehen deinen gesamten Körper und übertragen die Signale des Gehirns. Die Gesamtlänge aller Nerven in deinem Körper beträgt ungefähr 60 Kilometer!

SCHON GEWUSST?

Nicht überall in deinem Körper sind Nerven. Deine Haare zum Beispiel haben nur an ihren Wurzeln welche. Deshalb tut es weh, wenn man an den Haaren gezogen wird, aber nicht, wenn sie geschnitten werden.

2

IM GEHIRN

Stell dir vor, in deiner Schule gäbe es nur einen einzigen großen Raum. Die Chemiestunde würde dann genau dort stattfinden, wo alle zu Mittag essen und wo auch die Toiletten sind. Wenn so viel gleichzeitig los ist, ist es ziemlich schwierig, sich zu konzentrieren.

Auch dein Gehirn braucht mehrere „Räume“, um richtig zu arbeiten. Es ist in Regionen unterteilt, die unterschiedliche Aufgaben erfüllen. Das ermöglicht dir, viele Dinge gleichzeitig zu tun, ohne durcheinanderzukommen. Du kannst also, während du dieses Buch liest, atmen und blinzeln, und dein Herz schlägt auch schön gleichmäßig weiter.

In diesem Kapitel lernen wir die verschiedenen Gehirnregionen und ihre Aufgaben kennen.

?
30°
a² + b² = c²
∜7
x² = y/3

DIE GEHIRNREGIONEN

EINE RUNDREISE DURCH DAS GEHIRN

Obwohl es wie eine einzige rosa Masse aussieht, ist das Gehirn in Regionen mit jeweils eigenen Aufgaben unterteilt. Auf der Abbildung kannst du sie sehen.

KLEINHIRN

Das *Kleinhirn* ist die Steuerzentrale deines Körpers. Es ist für einige Bewegungen und das Gleichgewicht zuständig.

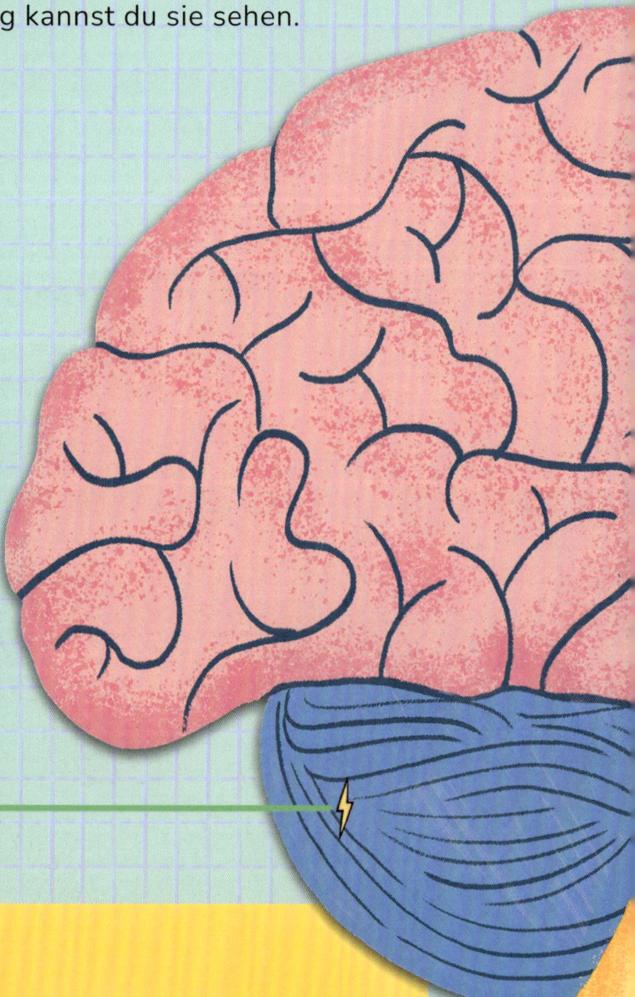

HIRNSTAMM

Ohne dass es dir bewusst ist, steuert der *Hirnstamm* viele Aktionen deines Körpers, wie etwa das Atmen, das Schlucken von Nahrung und das Schlafen.

GROSSHIRN

Das *Großhirn* bestimmt deine Persönlichkeit und deine Vorlieben. Wenn du Bungee-Jumping liebst, ist dein Großhirn dafür verantwortlich. Im Grunde ist es der Teil von dir, der dich zu dem Menschen macht, der du bist.

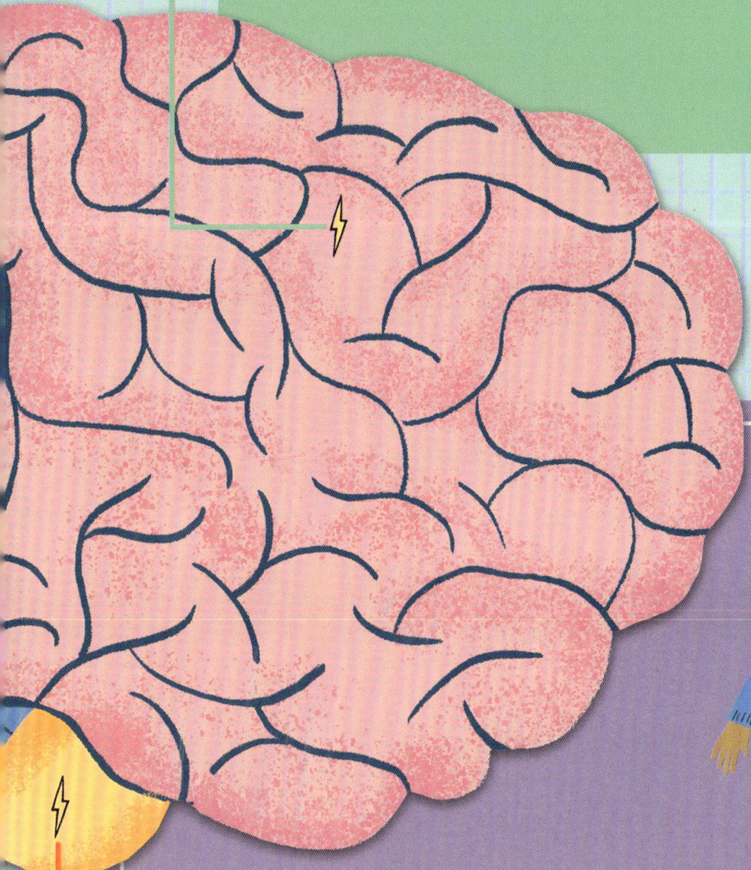

SCHON GEWUSST?

Das Großhirn setzt sich aus zwei Hälften zusammen, die wir rechte und linke *Gehirnhälfte* nennen. Die beiden erfüllen unterschiedliche Aufgaben. Seltsamerweise steuert die rechte Gehirnhälfte die linke Seite deines Körpers und die linke Gehirnhälfte die rechte Körperseite.

DAS KLEINHIRN

EIN KLEINES GEHIRN STEUERT KLEINE BEWEGUNGEN

Verspürst du auch den Drang zu tanzen, wenn du deine Lieblingsmusik hörst? Dein *Kleinhirn* ist daran schuld, dass dein Fuß den Takt mitschlägt. Es empfängt Signale von deinen Sinnen, deinem Rückenmark und anderen Gehirnteilen und steuert deine Bewegungen entsprechend.

Diese Grafik zeigt ein menschliches Gehirn. Das Kleinhirn ist hier rechts vergrößert dargestellt.

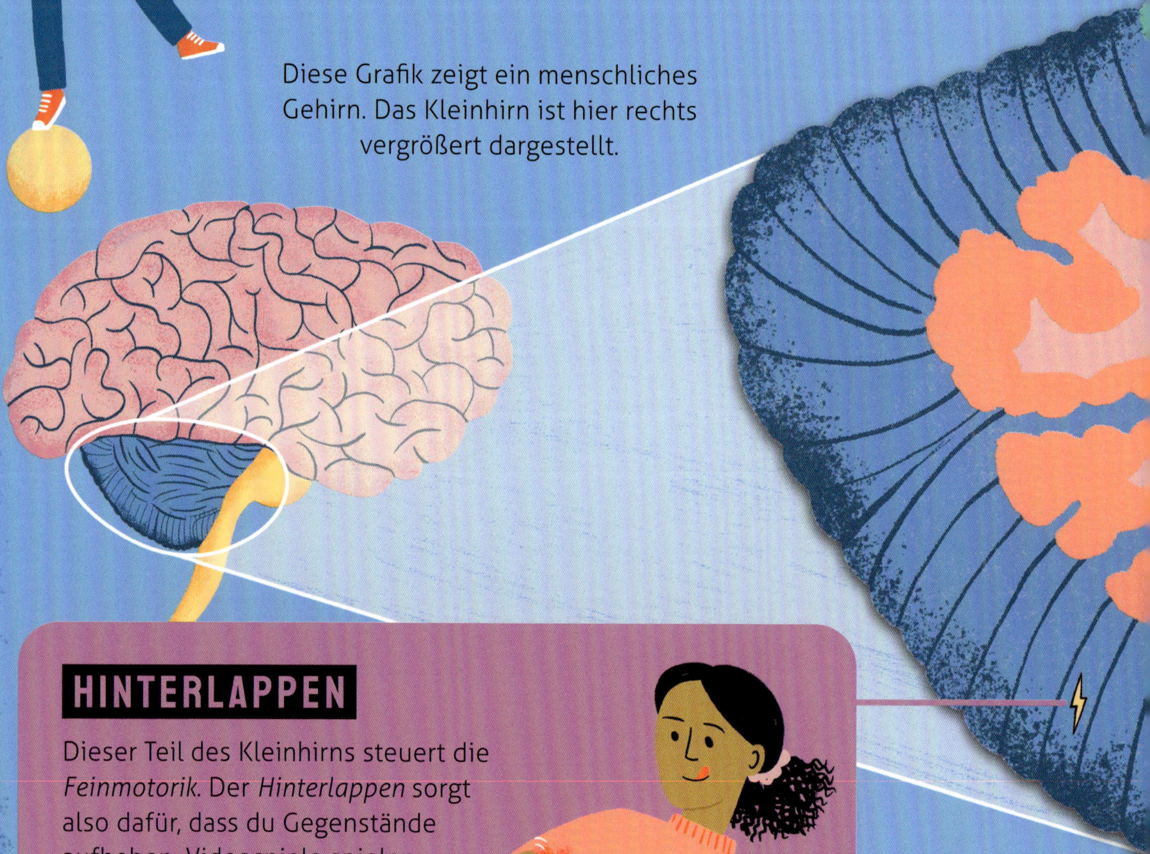

HINTERLAPPEN

Dieser Teil des Kleinhirns steuert die *Feinmotorik*. Der *Hinterlappen* sorgt also dafür, dass du Gegenstände aufheben, Videospiele spielen, mit einem Stift schreiben und all das andere tun kannst, wofür du deine Hände und Finger brauchst.

VORDERLAPPEN

Der *Vorderlappen* steuert alle unwillkürlichen Bewegungen: Wenn du ausweichst, weil etwas nach dir geworfen wird, oder wenn du vor Schreck zusammenzuckst.

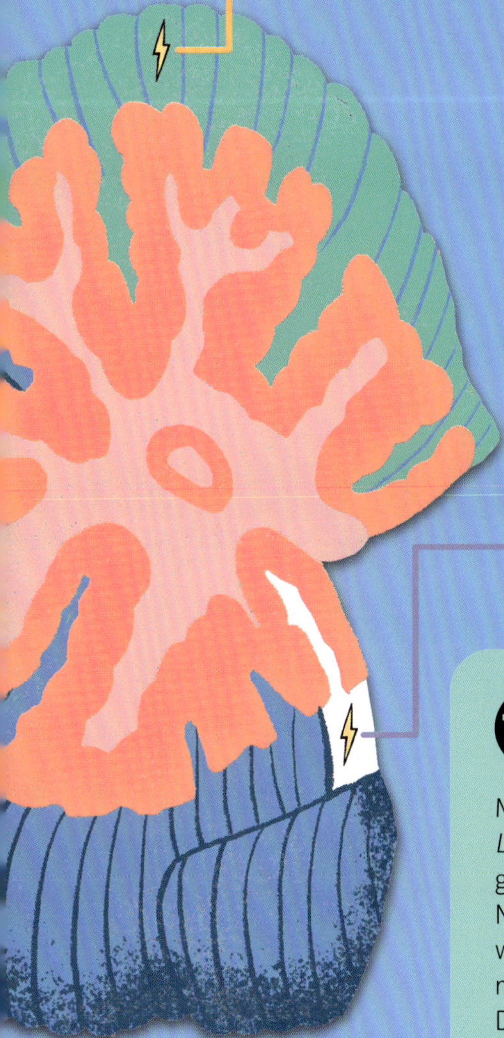

LOBUS FLOCCULONODULARIS

Diesem Teil des Kleinhirns verdankst du dein Gleichgewichtsgefühl. Er hilft dir, viele Stürze zu vermeiden.

PROBIER ES AUS: DER GLEICHGEWICHTSTEST

Mit diesem Test findest du heraus, wie gut dein *Lobus flocculonodularis* funktioniert: Stelle dich gerade hin und lehne dich leicht nach vorne. Nach einem Weilchen beginnst du zu wackeln, weil sich dein Körperschwerpunkt jetzt nicht mehr genau über deinen Füßen befindet. Deshalb erhält das Gehirn ein Signal und löst daraufhin das Wackeln aus, das ein Vornüberfallen verhindern soll.

DER HIRNSTAMM

ER HÄLT DEINEN KÖRPER AM LAUFEN

Der *Hirnstamm* kümmert sich um Funktionen, an die du normalerweise gar nicht denkst. Unter anderem lässt er dein Herz schlagen und die Lungen atmen. Hier lernst du seine Bestandteile und ihre Aufgaben kennen.

MITTELHIRN

Es nimmt alles auf, was du siehst und hörst, und verarbeitet es so, dass dein übriges Gehirn es versteht.

PROBIER ES AUS: MITTELHIRN-TEST

Schaue auf einen Gegenstand und lasse ihn nicht aus den Augen, während du deinen Kopf bewegst. Du siehst ihn an derselben Stelle bleiben, obwohl dein Kopf seine Position ändert: Dein *Mittelhirn* verhindert, dass es so wirkt, als würden sich unbewegliche Dinge mit dir bewegen.

BRÜCKE

Du kannst zwar bewusst die Luft anhalten, doch die meiste Zeit über atmest du, ohne ständig daran denken zu müssen. Darum kümmert sich die *Brücke*.

Sie steuert auch deinen Schlaf und sorgt dafür, dass du begreifst, was du schmeckst. Wenn du das nächste Mal Spaghetti mit Tomatensoße oder ein Stück Kuchen genießt, weißt du, dass deine Brücke ihren Job macht.

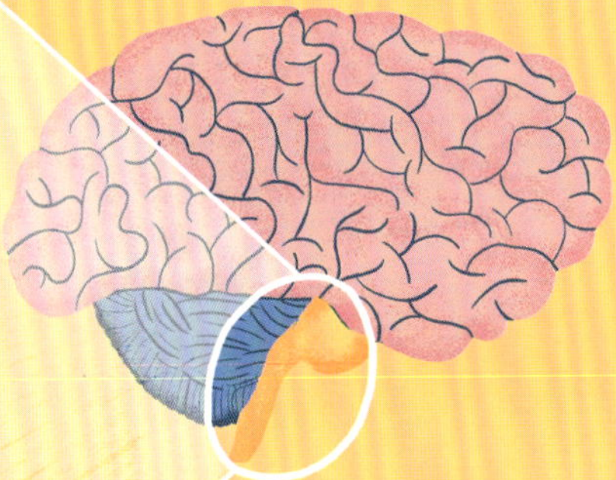

VERLÄNGERTES MARK

Egal, wie sehr du dich darauf konzentrierst, du kannst deinem Herz nicht befehlen, nicht zu schlagen. Denn es wird von deinem *verlängerten Mark* gesteuert, das den Transport von Blut und Sauerstoff durch den Körper kontrolliert.

Dein Herz schlägt *unwillkürlich*. Das heißt, dass es von deinem Körper gesteuert wird und du keinen Einfluss darauf hast.

KÖNNTEST DU NUR MIT DEM HIRNSTAMM ÜBERLEBEN?

Was wäre, wenn der Hirnstamm der einzige noch funktionierende Teil deines Gehirns wäre? Du könntest zwar noch atmen und schlucken, und dein Herz würde weiterhin Blut durch den Körper pumpen. Allerdings könntest du nicht mehr denken und auch nicht das, was um dich herum geschieht, verstehen. Trotzdem hättest du keine Angst, denn der Teil deines Gehirns, der für Angst zuständig ist, wäre dann auch ausgefallen.

DAS GROSSHIRN

ES MACHT DICH ZU DEM MENSCHEN, DER DU BIST

Das *Großhirn* bildet den größten Teil deines Gehirns. Es steuert deine *willkürlichen* Bewegungen sowie dein Gehör und dein Sehen. Es bestimmt sogar deine Gefühle und deine Persönlichkeit. Diese Abbildung zeigt die vier Hauptregionen des Großhirns.

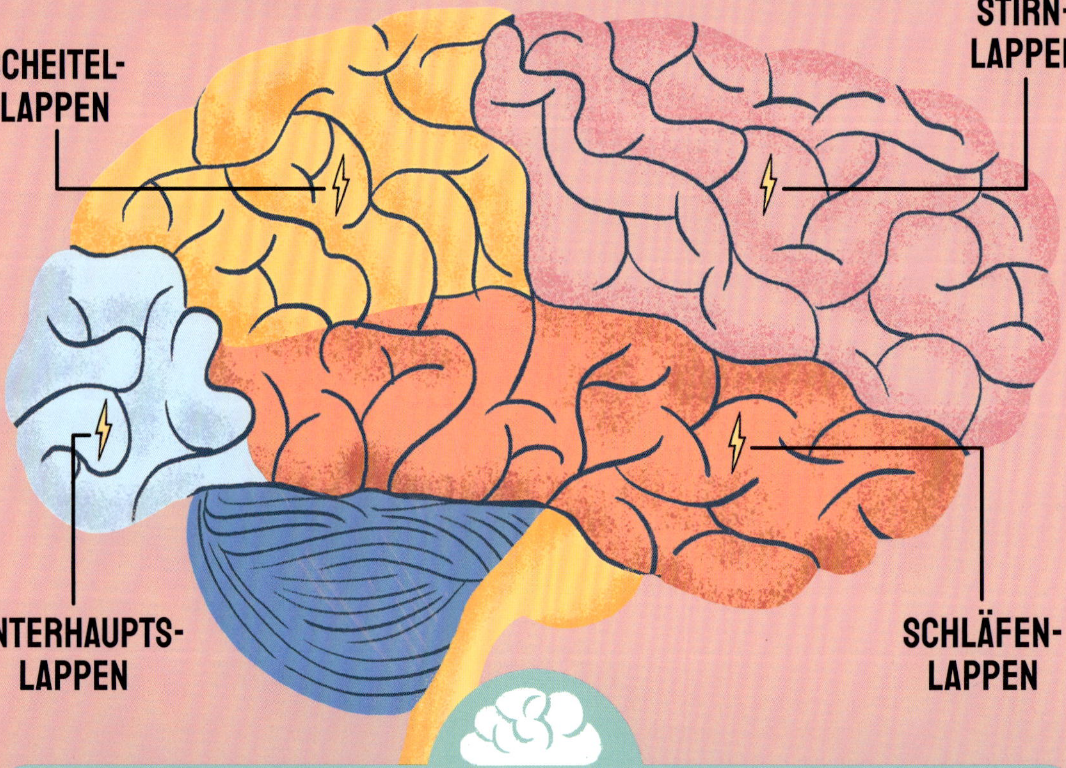

SCHON GEWUSST?

Die vielen kleinen Beulen außen am Gehirn nennt man Gehirnwindungen oder *Gyri*. Sie vergrößern die Oberfläche des Gehirns, sodass es mehr Platz zum Arbeiten hat. Nur höhere Wirbeltiere besitzen Gehirnwindungen. Das Gehirn einer Ratte dagegen ist ziemlich glatt.

Die Gehirnwindungen trennen außerdem die Gehirnregionen voneinander.

STIRNLAPPEN

Der *Stirnlappen* steuert die Bereiche deines Gehirns, die für deine Persönlichkeit und deine Fähigkeit zur Kommunikation zuständig sind. *Mehr darüber auf S. 28–29.*

SCHEITELLAPPEN

Der *Scheitellappen* verarbeitet die von den Nerven empfangenen Signale, sodass du sofort weißt, ob du etwas Flauschiges wie eine Katze oder aber etwas Heißes wie einen Topf auf dem Herd berührst. *Mehr darüber auf S. 30–31.*

SCHLÄFENLAPPEN

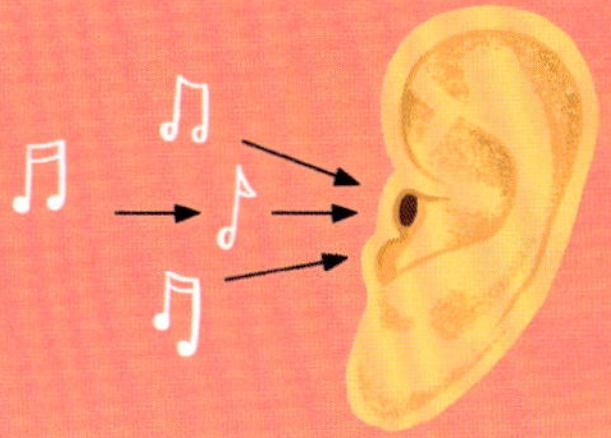

Der *Schläfenlappen* wandelt die vom Trommelfell empfangenen Schwingungen in Laute um, die du verstehst. *Mehr darüber auf S. 32–33.*

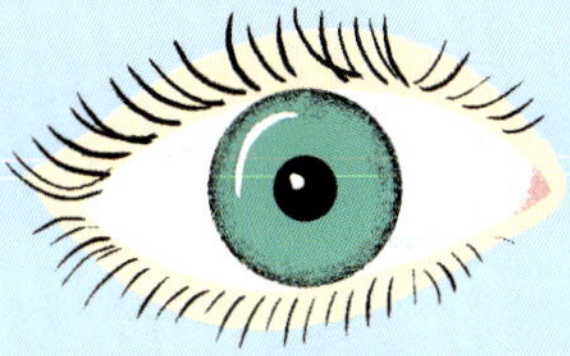

HINTERHAUPTSLAPPEN

Der *Hinterhauptslappen* ermöglicht es dir, alles zu begreifen, was deine Augen sehen. *Mehr darüber auf S. 34–35.*

WILLKÜRLICH ODER UNWILLKÜRLICH?

Willkürlich ist alles, was du bewusst tust, wie das Aufheben eines Gegenstands oder aber ein Salto auf dem Trampolin.

Unwillkürliche Handlungen sind all jene, die du unbewusst ausführst, wie etwa Atmen oder Blinzeln.

DER STIRNLAPPEN

Er ist der vorderste Teil deines Gehirns und auch die Quelle deiner Gedanken und Einfälle sowie deiner Persönlichkeit.

MOTORCORTEX

Der *Motorcortex* kontrolliert alle willkürlichen Bewegungen wie Gehen, Rennen, Tanzen oder Judogriffe.

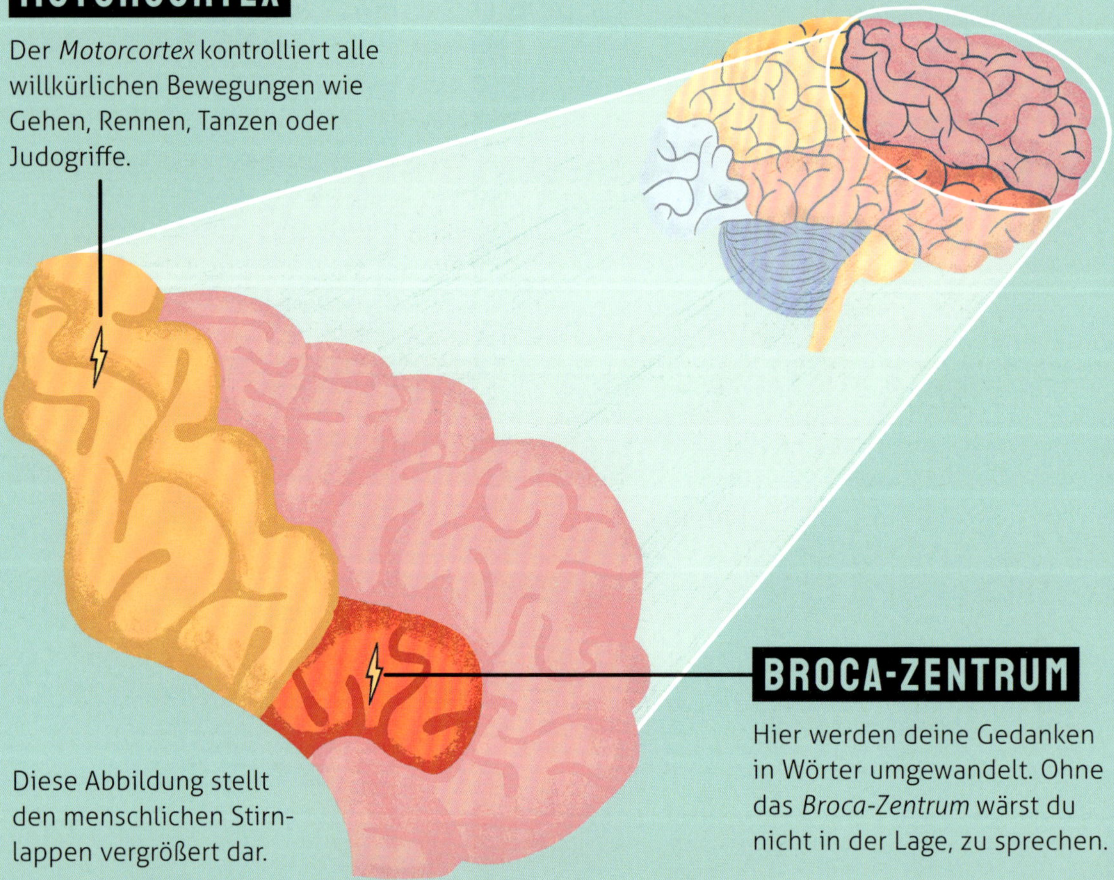

BROCA-ZENTRUM

Hier werden deine Gedanken in Wörter umgewandelt. Ohne das *Broca-Zentrum* wärst du nicht in der Lage, zu sprechen.

Diese Abbildung stellt den menschlichen Stirnlappen vergrößert dar.

WAS MACHT DICH ZU DIR SELBST?

Die folgenden Elemente tragen dazu bei, dich zu dem Menschen zu machen, der du bist. Sie werden vom Stirnlappen gesteuert.

ERKENNTNIS

Das Wissen über die Dinge und die Fähigkeit, sie auseinanderzuhalten.

PERSÖNLICHKEIT

Alles, was du magst oder nicht magst, was du liebst und was du hasst.

LANGZEITGEDÄCHTNIS

Die Erinnerung an vergangene Ereignisse, die du hoffentlich bis ins hohe Alter hinein behältst.

EMPATHIE

Deine Fähigkeit, die Gefühle anderer Menschen zu erkennen und zu verstehen. Sie bewirkt zum Beispiel, dass es dich traurig macht, wenn jemand anderem etwas Schlechtes passiert, selbst dann, wenn es dich nicht betrifft.

PROBIER ES AUS: TESTE DEINEN STIRNLAPPEN

Der Stirnlappen ermöglicht Muskelbewegungen und verleiht dir die Fähigkeit, Muster zu erkennen. Stelle ihn mit dem sogenannten Luria-Test auf die Probe.

Du brauchst dir nur ein Muster aus drei Bewegungen einzuprägen, die du dann laufend und möglichst schnell wiederholst. Bist du bereit?

1. Klopfe mit der Faust auf den Tisch (aber nicht zu fest).

2. Schlage mit der Handfläche auf den Tisch.

3. Schlage mit der Handkante auf den Tisch.

Kannst du dieses Muster dreimal wiederholen, ohne in der Anleitung nachzulesen? **GLÜCKWUNSCH!** Dein Stirnlappen hat soeben den Test bestanden.

DER SCHEITELLAPPEN

Immer, wenn du etwas berührst, empfängt dein Scheitellappen von Millionen von Nerven in deiner Haut Signale.

Auf dieser Abbildung des menschlichen Scheitellappens siehst du diesen superwichtigen Teil des Gehirns.

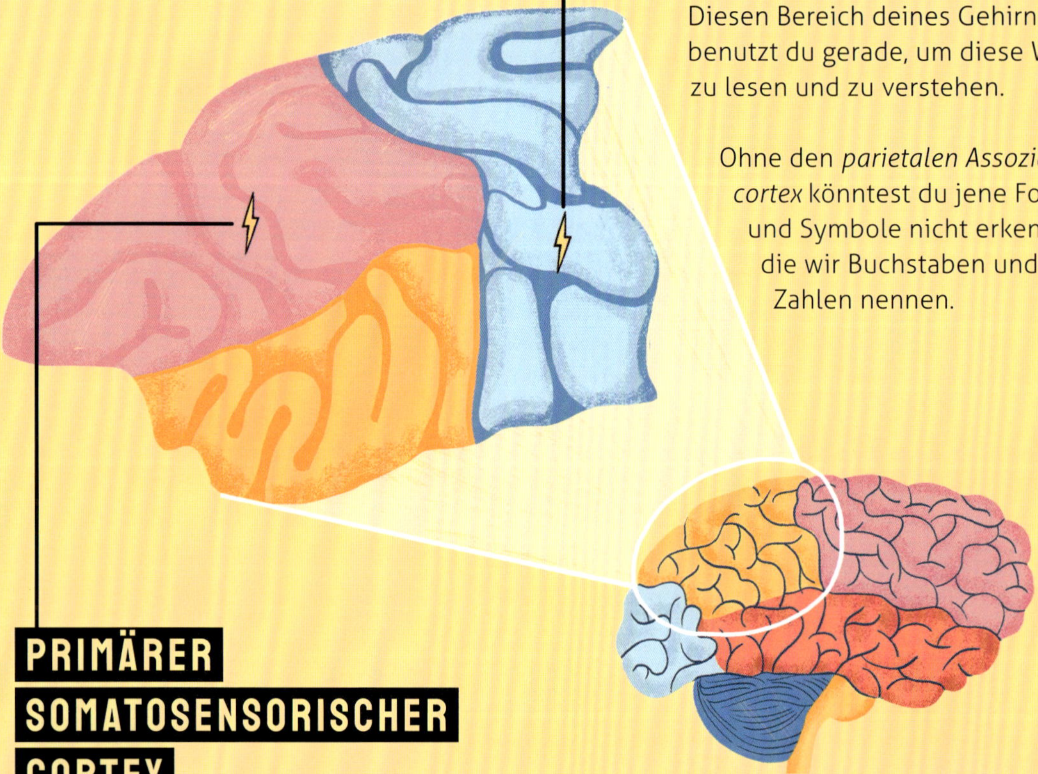

PARIETALER ASSOZIATIONSCORTEX

Diesen Bereich deines Gehirns benutzt du gerade, um diese Wörter zu lesen und zu verstehen.

Ohne den *parietalen Assoziationscortex* könntest du jene Formen und Symbole nicht erkennen, die wir Buchstaben und Zahlen nennen.

PRIMÄRER SOMATOSENSORISCHER CORTEX

Dieser Teil verarbeitet deine Tastwahrnehmungen (damit du zum Beispiel begreifst, ob etwas heiß, scharf, hart oder weich ist). Ohne den *primären somatosensorischen Cortex* wärst du nicht in der Lage, etwas festzuhalten, ohne es fallen zu lassen, dich in einen Stuhl und nicht daneben zu setzen oder auf einer Linie zu gehen.

PROBIER ES AUS: OPTISCHE TÄUSCHUNG

Dein Scheitellappen hilft dir, zwischen etwas zu unterscheiden, das klein aussieht, weil es weit weg ist, und etwas, das tatsächlich klein ist. Aber du kannst ihn auch austricksen!

Hier unten siehst du eine Ponzo-Täuschung, eine optische Illusion, die vor 100 Jahren erfunden wurde. Sie sieht ein bisschen wie die Darstellung eines Bahngleises aus, das in die Ferne führt, mit einer gelben Linie unten und einer gelben Linie weiter oben.

Welche der beiden Linien ist länger?

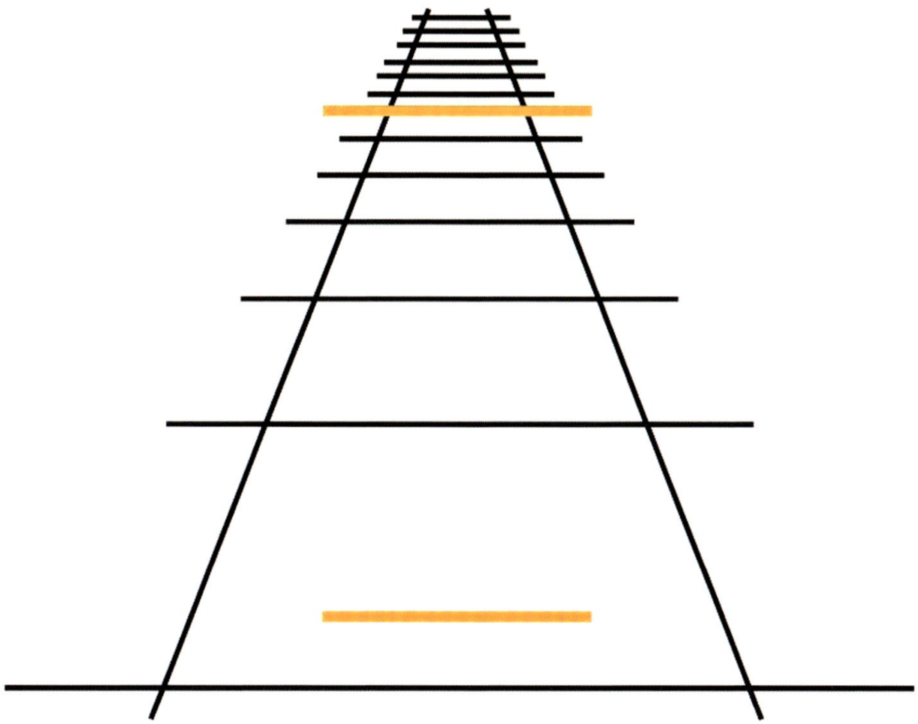

Die obere gelbe Linie sieht länger aus, nicht wahr? Tatsächlich aber sind die beiden gelben Linien genau gleich lang, das kannst du auch nachmessen. Wenn du die obere für länger gehalten hast, bedeutet das nur, dass dein Scheitellappen richtig funktioniert.

DER SCHLÄFENLAPPEN

Der Schläfenlappen nimmt Geräusche und Sprache wahr und versteht sie. Außerdem speichert er einige Kurzzeiterinnerungen, damit du weißt, was um dich herum vorgeht. So setzt er sich zusammen:

AMYGDALA

In der *Amygdala* speichert dein Gehirn Erinnerungen an Gefühle. Deshalb weißt du, dass ein lächelnder Mensch gut gelaunt ist und kannst ihn von einem Menschen unterscheiden, der traurig ist.

HÖRRINDE

Die *Hörrinde* ist für Laute und Sprachen zuständig. Sie hilft dir zu begreifen, wo ein Geräusch herkommt und wodurch es entsteht. Und sie ermöglicht dir, die Laute wiederzuerkennen, aus denen Wörter bestehen.

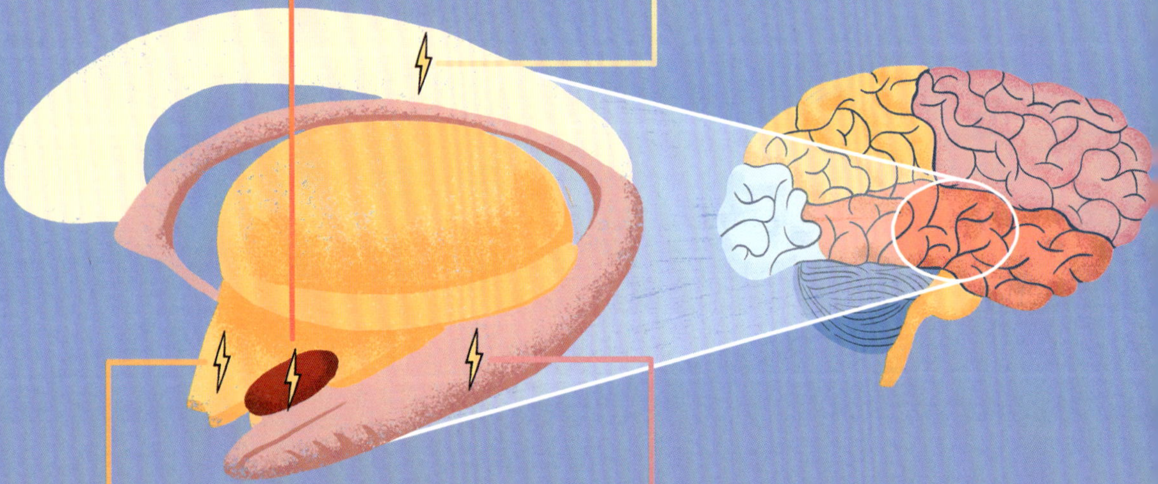

HYPOTHALAMUS

Der *Hypothalamus* ist sehr wichtig, denn er sagt dir, wann du Hunger oder Durst hast.

HIPPOCAMPUS

Der *Hippocampus* hilft dir, zu lernen und dich zu erinnern. Mit Tricks wie der Eselsbrücke bringst du ihn dazu, das aus deinem Gedächtnis hervorzukramen, was dir nicht auf Anhieb einfällt.

PROBIER ES AUS: GEDÄCHTNISZAUBEREI

Es ist nicht immer einfach, im Kurzzeitgedächtnis sehr viele Informationen auf einmal zu speichern. Präge dir diese Liste von Wörtern so lange ein, wie du magst. Decke sie dann zu und versuche, möglichst viele davon aufzuschreiben. Du wirst merken, dass es nicht so einfach ist, wie es sich anhört.

TOP-TIPP

Es ist leichter, die Wörter auf der Liste oben auswendig zu lernen, wenn man sie sich zusammen in lustigen Situationen vorstellt. Stell dir für „fröhlich", „Schimpanse", „Kaktus" und „Geige" einen Geige spielenden, auf einem Kaktus sitzenden fröhlichen Schimpansen vor. Ein derartiges Bild vergisst man nicht so schnell!

DER HINTERHAUPTSLAPPEN

Wie erkennst du den Unterschied zwischen einer echten Ente und einer Spielzeugente? Mithilfe deines Hinterhauptslappens! Das ist jener Teil des Großhirns, der die von deinen Augen aufgenommenen Informationen in Bilder umwandelt, die du verstehen kannst. Diese Abbildung zeigt dir, wo im Gehirn sich der Hinterhauptslappen befindet.

PRIMÄRE SEHRINDE

Die *primäre Sehrinde* nimmt das durch deine Augen eindringende Licht auf und wandelt es in Bilder um.

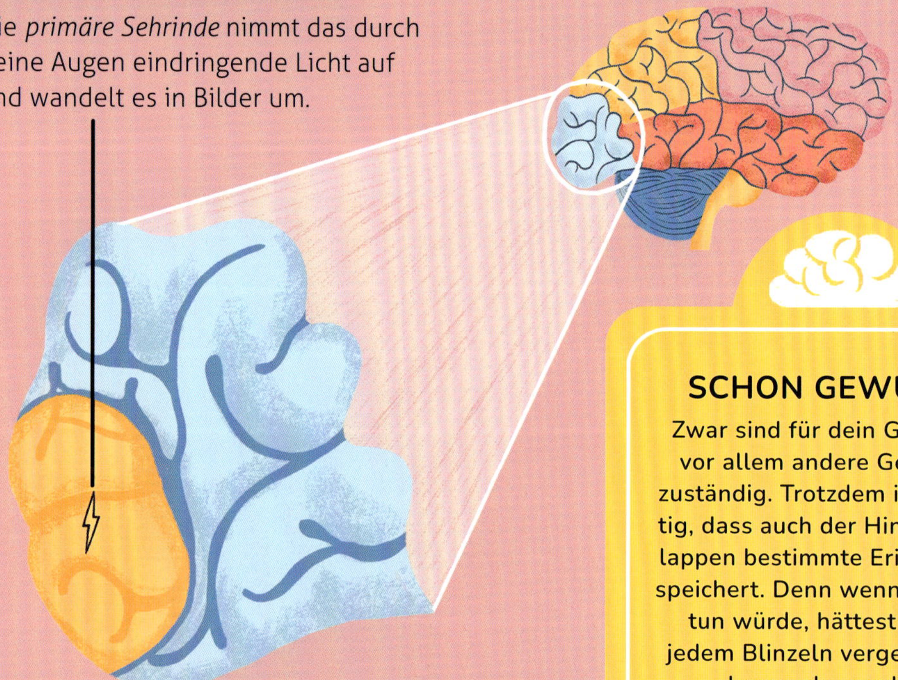

SCHON GEWUSST?

Zwar sind für dein Gedächtnis vor allem andere Gehirnteile zuständig. Trotzdem ist es wichtig, dass auch der Hinterhauptslappen bestimmte Erinnerungen speichert. Denn wenn er es nicht tun würde, hättest du nach jedem Blinzeln vergessen, was du gerade anschaust.

KENNE ICH DICH NICHT?

Hast du jemals von einem Problem gehört, das man „Gesichtsblindheit" nennt? Menschen, die daran leiden, erkennen Gesichter nicht wieder – nicht einmal die ihrer Freunde und Verwandten. Das liegt daran, dass dieser Teil ihres Gehirns nicht richtig funktioniert. Ein gesunder Hinterhauptslappen ermöglicht nicht nur, Objekte zu sehen, sondern auch, sie wiederzuerkennen.

PROBIER ES AUS: TRICKSE DEIN GEHIRN AUS!

Sieht diese Abbildung so aus, als würde sie sich bewegen? Keine Angst! Es ist nur eine optische Täuschung. Dein Gehirn muss alles verarbeiten, was deine Augen sehen, doch diese Kombination aus Farben und Formen liefert deinem Gehirn so viele Informationen, dass eigenartige Effekte entstehen. Die Kreise sehen aus, als würden sie sich drehen, aber natürlich können sie das gar nicht. Ganz schön cool, oder?

Wie gut bist du darin, Namen mit Gesichtern zu verbinden?
Präge dir diese Namen und Gesichter eine Minute lang ein und decke dann die Namen ab.

WIE DU SIEHST, WAS DU SIEHST

DIE UNGLAUBLICHE REISE DER BILDER

Alles, was deine Augen sehen, muss in den hinteren Bereich deines Gehirns wandern. Diese Abbildung zeigt dir, welchen Weg das Gesehene nimmt, um von den Augen zum Gehirn zu gelangen.

1. INS AUGE

Die Aufgabe der Augen besteht darin, Licht aufzunehmen. Wenn du ein Objekt anschaust (wie etwa diese Spielzeugente), ist das, was du dabei siehst, das Licht, das von dem Objekt in deine Augen reflektiert wird.

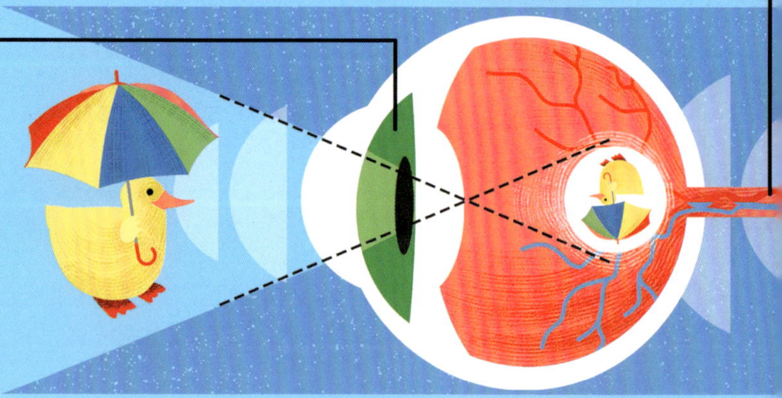

GARNELEN-SEHEN

Die meisten Menschen erkennen die Farben Rot, Blau und Grün am besten. Alle anderen Farben bestehen aus Mischungen dieser drei. Manche Tiere aber sehen die Welt durch ihre Augen anders als wir.

Fangschreckenkrebse haben die kompliziertesten Augen der Welt. Sie verfügen über fünfmal so viele Sinneszellen wie wir Menschen, sodass sie Typen von Licht sehen, die für uns unsichtbar bleiben.

2. AM SEHNERV ENTLANG

In jedem Auge befinden sich 120 Millionen sogenannte *Stäbchen* (die Licht und Dunkelheit wahrnehmen) und sechs Millionen *Zapfen* (die Farben wahrnehmen). Gemeinsam sammeln sie alle verfügbaren Informationen und schicken sie über den *Sehnerv* in dein Gehirn.

3. ZUM GEHIRN

Über den Sehnerv erreichen die Informationen die *Sehrinde* im hinteren Bereich des Gehirns. Hier werden die Informationen in Bilder umgewandelt, die du erkennen, begreifen und erinnern kannst.

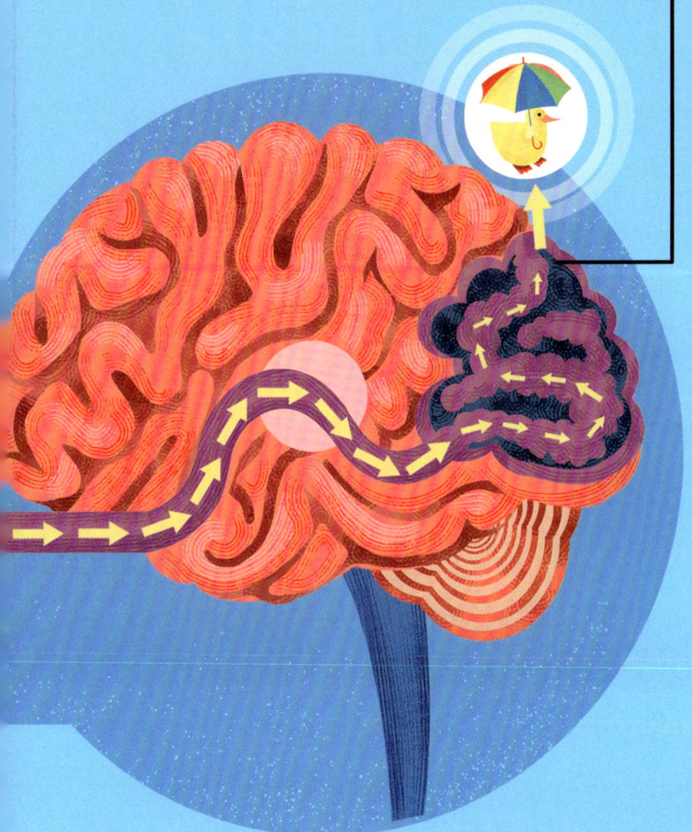

PROBIER ES AUS: FARBSEHTEST

Menschen, die *farbenblind* sind, können nicht alle Farben sehen. Überprüft wird das unter anderem mit *Ishihara-Farbtafeln*. Kannst du auf der Abbildung hier unten eine Zahl erkennen? Farbenblinde können es nämlich nicht!

Ishihara-Farbtafel

SCHON GEWUSST?

Die Linsen deiner Augen biegen das Licht, sodass jedes Bild in deinem Gehirn verkehrt herum erscheint. Du kannst diesen Effekt nachahmen, indem du etwas durch eine Glaskugel anschaust. Keine Angst, dein Gehirn weiß, dass es das Bild umdrehen muss!

KANN MAN IMMER GLAUBEN, WAS MAN SIEHT?

Inzwischen weißt du, dass deine Augen dein Gehirn dazu bringen können, etwas zu sehen, das gar nicht da ist. Hier folgen ein paar weitere optische Illusionen. Was siehst du?

PARALLELE LINIEN?

Schau dir dieses schiefe Brett an. Ist es wirklich schief?

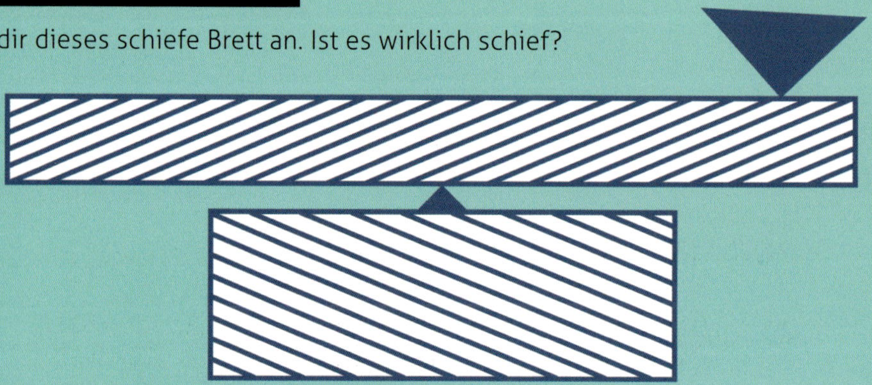

Sind die Linien hier unten gebogen oder gerade?

Bei beiden optischen Illusionen sind die waagerechten Linien vollkommen gerade und parallel. Trotzdem bringen die anderen Linien und Formen dein Gehirn dazu zu glauben, dass sie es nicht sind.

GRAUE SCHATTEN

Betrachte das Schachbrett. Welches der beiden mit einem „X" markierten Felder ist dunkler?

Und was ist hiermit? Welche der beiden grauen Säulen ist dunkler?

Bei beiden Bildern wurde nur ein Grauton verwendet. Sie wirken unterschiedlich, weil unser Gehirn nicht nur ein einzelnes Objekt betrachtet, sondern stets die Informationen der Umgebung mit aufnimmt. Wenn du bei beiden Bildern die umgebenden Farben abdeckst, siehst du, dass es dieselben Grautöne sind.

3

SO DENKST DU

Wusstest du, dass du tagtäglich mehr als 6000 Gedanken hast? Jeder einzelne von ihnen sendet kleine elektrische Signale durch dein Gehirn und in deinen Körper. Aber was passiert eigentlich in deinem Gehirn, wenn du denkst?

Dein Gehirn ist voller winziger Boten, die zusammenarbeiten, damit deine Gedanken und Einfälle so schnell wie möglich an die richtigen Stellen gelangen. Diese Boten schaffen Pfade, die all die verschiedenen Gehirnteile und auch das Gehirn mit dem restlichen Nervensystem verbinden.

Lerne die Wunderwelt der Gedanken kennen, und lasse ein paar weitere elektrische Funken durch dein Gehirn flitzen.

SIND GEHIRNE ELEKTRISCH?

DER STROMKREISLAUF IN DEINEM KÖRPER

Kennst du diese Comicbilder, bei denen über dem Kopf einer Person eine Glühbirne aufleuchtet, wenn sie eine gute Idee hat? Nein, in deinem Gehirn ist keine Glühbirne. Aber es ist tatsächlich elektrisch.

Jeder von deinem Gehirn ausgesandte Befehl ist ein kleines elektrisches Signal. Wenn deine Nerven die Befehle deines Gehirns in die einzelnen Körperteile leiten, funktionieren sie wie Elektrokabel. Deshalb ist dein Nervensystem wie ein Stromkreislauf.

GEHIRN-POWER

Dein Gehirn kann ungefähr 12 bis 25 Watt Strom erzeugen. Das würde genügen, um eine LED-Lampe leuchten zu lassen.

Jede einzelne Bewegung, die du machst, erfolgt aufgrund eines durch den Körper gesendeten Signals.

Während du schläfst, führt dein Gehirn wichtige Aufgaben aus, damit am folgenden Tag alles besser klappt. Es ist wie ein Handy, das sich auflädt.

MONSTER-STORY

In einem Roman, den die Engländerin Mary Shelley 1818 schrieb, erschafft ein Wissenschaftler namens Victor Frankenstein ein Monster. Zwar verrät die Autorin nicht, wie genau er das macht. Aber sie deutet an, dass er sein Monster mit der Elektrizität eines Blitzes zum Leben erweckt.

Inspiriert ist diese Geschichte durch wissenschaftliche Entdeckungen jener Zeit. Denn 30 Jahre bevor Shelley sie schrieb, bewies der Naturforscher Luigi Galvani, dass Elektrizität im Körper Bewegungen auslöst. Wie er das tat, war ziemlich gruselig.

Er verband Metallstäbe mit einem toten Frosch und legte das Tier während eines Gewitters im Freien auf den Boden. Als ein Blitz in die Metallstäbe fuhr, löste der Strom in den Froschbeinen Muskelbewegungen aus.

Galvanis Experiment inspirierte nicht nur die Schriftstellerin Mary Shelley, sondern half anderen Forschenden auch zu begreifen, dass das Gehirn elektrische Impulse aussendet.

BLITZBOTEN

WIE NEURONEN IDEEN WIRKLICHKEIT WERDEN LASSEN

Die verschiedenen Zellen in deinem Körper haben unterschiedliche Aufgaben. Hautzellen sind stabil und schützen deinen Körper. Blutzellen transportieren all das, was dich am Leben hält. Gehirnzellen nennt man Nervenzellen oder *Neuronen*. Sie bilden Ketten, entlang derer sie Informationen weitergeben.

VON NEURON ZU NEURON

Wolltest du schon einmal etwas auf dem PC suchen, hattest aber kein Internet? Dein Computer muss in der Lage sein, die gewünschten Informationen empfangen zu können. Ebenso verhält es sich mit deinem Gehirn.

Diese Abbildung zeigt, wie ein Neuron aussieht. Die Verästelungen nennt man *Dendriten*. Sie empfangen von anderen Neuronen Impulse und geben sie weiter.

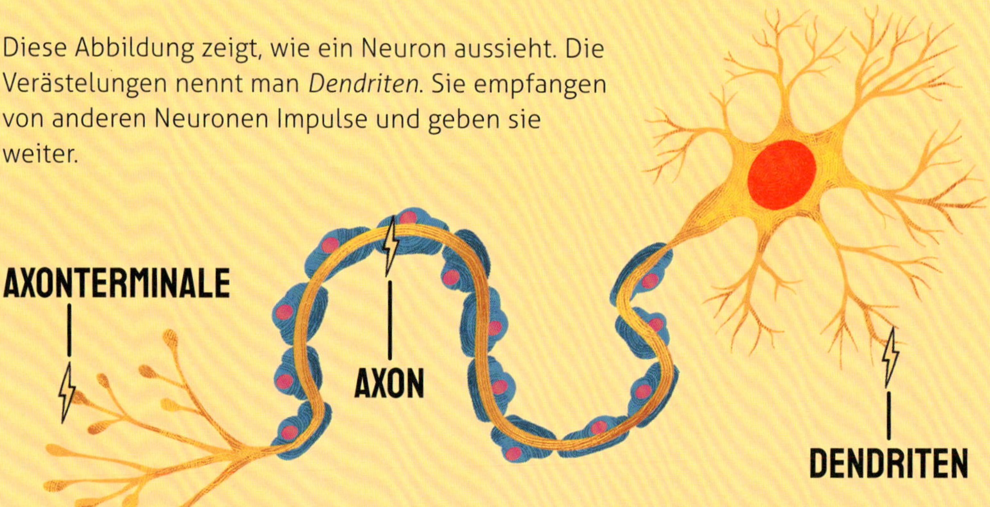

Sobald ein Impuls empfangen wurde, reist er entlang des *Axons* zu den *Axonterminalen*. Diese übermitteln den Impuls an die Dendriten eines anderen Neurons, und so geht es wie entlang einer Kette immer weiter. Dieser Vorgang ist schneller als ein Wimpernschlag.

IDEEN WEITERGEBEN

Um das nachzuahmen, was Neuronen tun, kannst du mit Freunden Stille Post spielen. Achtet dabei darauf, das betreffende Wort so schnell wie möglich weiterzugeben. So wie das Wort von Mund zu Ohr zu Mund weiterwandert, so wandert ein Impuls von Neuron zu Neuron.

PROBIER ES AUS: SCHNELLIGKEIT IST TRUMPF!

Schau in einen Spiegel und lächle. Runzle dann die Stirn. Bewege gleich darauf die Finger. Wie viel Zeit ist zwischen dem Gedanken an das, was du tun willst, und dem Ausführen der Bewegungen verstrichen? Praktisch gar keine, stimmt's? So schnell sind deine Neuronen! Deine Gehirnzellen können pro Sekunde bis zu 50 Befehle senden.

SCHNELL-DENKER

WIE SCHNELL SIND DEINE GEDANKEN?

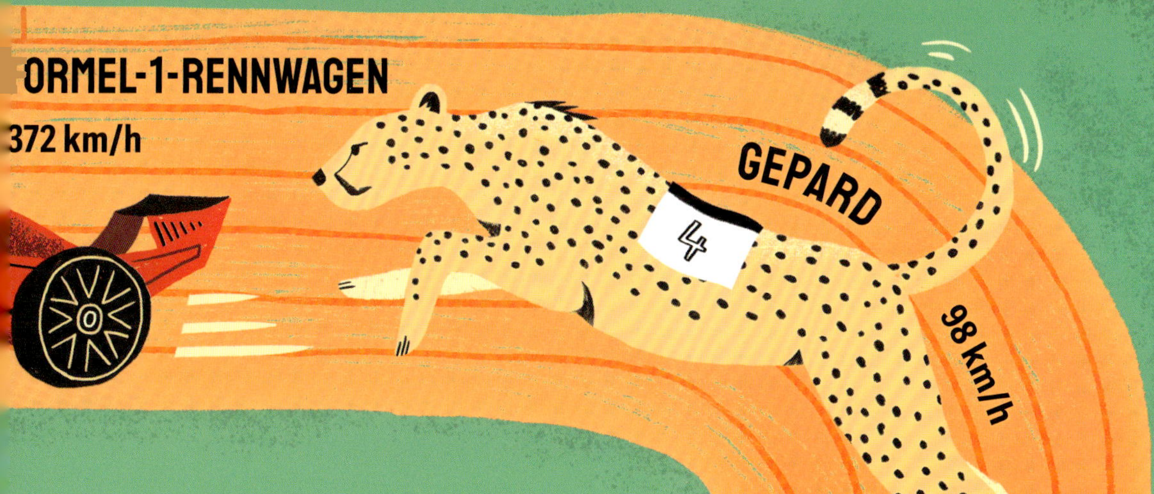

Die Befehle deines Gehirns müssen rasend schnell durch den Körper wandern. Denn sonst wärst du nicht fähig, einen Ball zu fangen oder deine Hand von einer heißen Herdplatte wegzuziehen.

Aber wie schnell sind sie? **SCHNELL!** In deinem Rückenmark erreichen die Signale eine Spitzengeschwindigkeit von 431 Kilometern pro Stunde (km/h).

Aber nicht alle Befehle des Gehirns reisen gleich schnell. Die langsameren erreichen um die 6 km/h. Wenn du einen Kilometer groß wärst, würden dir diese Unterschiede auffallen … aber zum Glück bist du kleiner.

Deine Gedanken sind schneller als alles, was auf dieser Rennbahn unterwegs ist.

DAS NEURONALE NETZWERK

WARUM ÜBUNG DEN MEISTER MACHT

Je häufiger Menschen auf einem Pfad im Wald gehen, umso bequemer wird es, ihn zu benutzen. Geht dagegen lange Zeit niemand auf ihm, wächst er zu. Ähnlich verhält es sich mit den „Wegen", die zu deinem Gehirn und von ihm wegführen.

BENUTZEN ODER VERLIEREN

Impulse und Signale wandern über Neuronenketten, den sogenannten *neuronalen Pfaden*, durch den Körper. Je häufiger du einen Pfad benutzt, desto ausgeprägter wird er. Wenn du also etwas Bestimmtes sehr oft machst, kannst du es irgendwann so gut, dass du fast gar nicht mehr darüber nachdenken musst.

Vielleicht hast du ja schon gemerkt, dass etwas, das du schon lange nicht mehr gemacht hast, schwierig ist. Hast du zum Beispiel dein Skateboard über den Winter nicht benutzt, dann merkst du im Frühjahr, dass du manches erst einmal nicht so gut hinbekommst. Das ist so, weil du die betreffenden neuronalen Pfade nicht benutzt hast.

RADFAHREN VERLERNT MAN NICHT

Wenn du schon lange nicht mehr Rad gefahren bist, befürchtest du vielleicht, es nicht mehr zu können. Doch keine Angst, deine neuronalen Pfade sorgen dafür, dass du es nicht vergessen kannst.

Beim Radfahrenlernen wird jede einzelne Bewegung im Kurzzeitgedächtnis abgespeichert, sodass man anfangs immer überlegen muss, was als Nächstes kommt. Beherrscht man das Radfahren aber, sind die Neuronenpfade in deinem *prozeduralen Gedächtnis* abgespeichert. Dies ist der Teil deines Gehirns, der Langzeiterinnerungen bewahrt.

OPTIMIERE DEIN GEHIRN

Indem du Gemüse isst, Wasser trinkst, Sport machst und ausreichend schläfst, hilfst du deinem Gehirn, Bestleistungen zu vollbringen. Auch das Erlernen eines Instruments ist ein hervorragendes Training für deine neuronalen Pfade.

DIE STEUERUNG DEINER ZELLEN

DER ZELLKERN ALS KAPITÄN

Stell dir vor, jede deiner Gehirnzellen wäre ein Raumschiff und sein Kapitän wäre der Zellkern. Er entscheidet, ob das Raumschiff schneller fliegen, die Richtung ändern oder seine Laserkanonen auf feindliche Aliens richten soll. Jede einzelne Gehirnzelle ist ähnlich kompliziert aufgebaut wie ein Raumschiff.

PROTEIN-POWER

Gehirnzellen sind auf dieselbe Energiequelle angewiesen wie alle anderen Zellen deines Körpers: auf *Proteine*. Das sind winzige Partikel, deren Bauplan im Zellkern entsteht und die von dort in die Zelle hinausgeschickt werden.

Ohne Proteine könnte dein Gehirn nicht funktionieren. Jeder Zellkern entscheidet, welcher Teil der Zelle für welche Aufgaben Energie braucht.

DEINE DNS UND DU

Die Kerne aller Zellen in deinem Körper nutzen Proteine außerdem, um etwas aufzubauen und zu speichern, das man *Desoxyribonukleinsäure*, kurz DNS, nennt. Deine DNS ist so etwas wie der Bauplan oder das Rezept für deinen Körper. Sie enthält sämtliche Informationen darüber, wie sich dein Körper verhalten und entwickeln soll. Das reicht von sichtbaren Eigenschaften wie Haar- und Augenfarbe bis hin zur Funktionsweise deiner Zellen.

In deinem Körper ist sehr viel DNS. Jeder Zellkern enthält einen eng gewickelten, 1,8 Meter langen DNS-Strang. Damit er in den winzigen Zellkern passt, ist er Billionen Mal gefaltet.

GLEICH, ABER ANDERS

Deine DNS ist zu 99,9 Prozent identisch mit der jedes anderen Menschen. Das heißt, dass dich nur 0,1 Prozent deiner DNS von den anderen unterscheidet.

DEINE DNS GLEICHT ...

ZU 99% DER EINES SCHIMPANSEN

ZU 90% DER EINER KATZE

ZU 60% DER EINER BANANE

ALLES NUR EINBILDUNG?

DIE ERFORSCHUNG DER FANTASIE

Als „Fantasie“ bezeichnet man die Fähigkeit des Gehirns, sich Dinge einzubilden, die nicht da sind. Es ist leicht, sich vorzustellen, dass das Shirt, das man gerade anhat, nicht weiß, sondern rot ist. Schwieriger ist der Gedanke, dass gleich ein T. rex an der Haustür klingeln wird. Aber wozu braucht man Fantasie eigentlich?

EINE MAMMUTAUFGABE

Möglicherweise entstand die Fantasie bereits in der Zeit der frühen Jäger. Wenn man ein Mammut erlegen will, ist es gut, wenn man sich vorher überlegt, wie man das anstellen könnte. Und wenn man sich vorstellen kann, dass in einer Höhle ein Bär wohnt, überprüft man die Umgebung erst einmal auf Bärenspuren, bevor man sich hineinwagt.

Später setzten Menschen ihre Fantasie ein, um sich die unterschiedlichsten Dinge auszudenken, von spannenden Geschichten bis hin zu leckeren Speisen. Auch in der Wissenschaft ist Fantasie wichtig. Forschende, die etwas beweisen wollen, müssen es sich zuerst vorstellen können.

GESICHTER SEHEN

Hast du schon einmal versucht, in Wolken Gesichter oder Muster zu sehen? Diese Fähigkeit nennt man *Pareidolie*. Weil es für die frühen Menschen lebenswichtig war, zu erkennen, ob etwas gefährlich war oder nicht, entwickelte das Gehirn die Fähigkeit, die Gesichter von Freunden und Feinden zu unterscheiden. Ein Nebeneffekt davon ist, dass wir in manchen Dingen Gesichter sehen, die gar nicht da sind.

SCHON GEWUSST?

1976 entdeckten Forschende auf Fotografien des Mars ein Gesicht, das sie anstarrte. Der Schreck war groß, bis ihnen klar wurde, dass sie keinen Alien sahen, sondern eine Felsformation. Ein schönes Beispiel für Pareidolie!

SPIEGLEIN, SPIEGLEIN …

Deine Vorstellungskraft kann dir im Umgang mit anderen Menschen helfen. Manche deiner Neuronen, *Spiegelneuronen* genannt, unterscheiden nicht, ob du etwas tust oder eine andere Person dabei beobachtest, wie sie es tut. Die Spiegelneuronen helfen dir, mit anderen gut auszukommen. Sie bewirken, dass du zusammenzuckst, wenn sich jemand wehtut, oder gähnst, wenn andere **GÄHNEN.**

IN DEINEN TRÄUMEN

DIE SCHLAFFORSCHUNG

Wozu sind Träume gut? Manche meinen, dass sie uns helfen, Erinnerungen abzuspeichern. Wenn du träumst, sortiert dein Gehirn alles Wichtige ein und beseitigt alles Nutzlose.

SCHLAF MAL DRÜBER!

Während du schläfst und träumst, nutzt dein Gehirn das tagsüber Gelernte, um neue neuronale Pfade anzulegen. Es baut sich praktisch um, damit du dich an die neuen Informationen erinnern kannst. Dies nennt man *Gehirnplastizität.* Jetzt weißt du, warum du dich nach einer schlaflosen Nacht nicht gut an neu Gelerntes erinnern kannst.

SCHON GEWUSST?

Der Weltrekord für Wachbleiben liegt bei 264 Stunden: 11 ganze Tage und Nächte! Aufgestellt wurde er 1964 von dem Teenager Randy Gardner. Er berichtete, dass er im Verlauf des Experiments immer vergesslicher wurde und dass ihm beim Sprechen oft nicht die richtigen Wörter einfielen. Nach dem Experiment schlief er 14 Stunden lang, danach fühlte er sich wieder fit.

ABSCHALTEN

Anders als ein Computer ist dein Gehirn, wenn du schläfst, nicht in einem gleichbleibenden „Schlafmodus“, sondern es wechselt zwischen unterschiedlichen Schlafphasen, darunter:

TIEFSCHLAF

In dieser Phase ist dein Gehirn nur schwach aktiv, deine Muskeln entspannen sich, und du atmest langsamer und tiefer. Der überwiegende Teil des Schlafs ist *Tiefschlaf.*

TRAUMSCHLAF

Traumschlaf wird die Phase genannt, in der sich deine Augen unter den Lidern schnell bewegen, während deine Muskeln reglos bleiben.

Wenn der Wechsel zwischen den Phasen nicht reibungslos abläuft, kann dein Körper komische Sachen machen, wie zum Beispiel *schlafwandeln* oder in eine *Schlaflähmung* fallen.

SCHLAFWANDELN

Wenn dein Körper versucht, unmittelbar aus dem Traumschlaf aufzuwachen, kann es passieren, dass sich deine Muskeln in Bewegung setzen, während du immer noch träumst. Es gibt Schlafwandler, die nicht nur träumend durchs Zimmer laufen, sondern träumend kochen, bügeln oder sogar Auto fahren!

SCHLAFLÄHMUNG

Schlaflähmung ist das Gegenteil von Schlafwandeln: Man wacht auf, aber die Muskeln sind noch im Traumschlaf, und deshalb kann man sich nicht bewegen. Weil das Gehirn weiter träumt, stellt es sich alle möglichen Gründe dafür vor, warum der Körper gelähmt ist. Wie etwa, dass ein Monster auf einem draufsitzt und einen festhält.

SCHAU MIR IN DIE AUGEN!

DIE WISSENSCHAFT DER HYPNOSE

Wenn du „Hypnose“ hörst, denkst du vielleicht an Bühnentricks oder aber an eine Methode, Ängste loszuwerden. Aber was ist *Hypnose* wirklich, und was passiert im Gehirn einer hypnotisierten Person?

GANZ ENTSPANNT ...

Hypnose ist weniger kompliziert, als du vielleicht meinst. Hauptsächlich geht es darum, Körper und Geist zu entspannen, damit man sich auf etwas Bestimmtes konzentriert. Warst du schon einmal von einem spannenden Buch oder Film so gefesselt, dass du alles um dich herum vergessen hast? Dann warst du in einem hypnotischen Zustand.

WAS IST HYPNOSE?

Eine unter Hypnose stehende Person ist auf eine bestimmte Sache so konzentriert, dass sie über nichts anderes nachdenkt. Deshalb ist ihr in dem Moment nichts peinlich, und sie macht sich um nichts Sorgen.

Ein derart stark konzentriertes Gehirn lässt sich leichter etwas einreden. Ein Hypnotiseur könnte dich dazu bringen, dich an etwas zu erinnern, das du vergessen hast. Oder eine bestimmte Angst loszuwerden.

Zwar kann jeder Mensch mittels Hypnose entspannen, doch nicht jeder kann von einem Hypnotiseur oder einem Bühnenmagier dazu gebracht werden, bestimmte Dinge auf einer Bühne zu tun – einfach deshalb, weil nicht jeder das will. Also keine Angst: Niemand kann dich durch Hypnose dazu bringen, etwas zu tun, das du nicht tun willst.

4

TIER-GEHIRNE

Je nach Art können die Gehirne von Tieren die unterschiedlichsten Formen und Größen haben. Es gibt Tiere, die über mehr als ein Gehirn verfügen, andere besitzen gar keines. Wir können von den Gehirnen aller heute lebenden und der bereits ausgestorbenen Tiere also sehr viel lernen.

Durch die Erforschung der Gehirne von Tieren finden Neurowissenschaftler heraus, welche Aufgaben die verschiedenen Gehirnbereiche erfüllen und wie nicht menschliche Gehirne funktionieren.

Willkommen in der wunderbaren Welt der Tiergehirne!

GROSSE GRÖSSEN

TIERE MIT XXL-GEHIRNEN

Die größten Tiergehirne finden wir bei Säugetieren. Aber wer hat das größte Gehirn und wer das kleinste?

RIESENHIRN

Der Pottwal ist zwar nicht das größte Tier der Welt (denn das ist der Blauwal), doch er besitzt das größte Gehirn. Ein Pottwal wird bis zu 19 Meter lang (etwas länger als eine Bowlingbahn), und sein Gehirn wiegt in etwa so viel wie zwei Hauskatzen und damit über sechsmal mehr als ein menschliches Gehirn.

GRÖSSTES GEHIRN AN LAND

Das größte Landsäugetier ist der Afrikanische Elefant. Sein Gehirn wiegt ungefähr so viel wie ein großer Kürbis. Elefanten zählen zu den wenigen Tieren, bei denen das Gehirn im Hinterkopf sitzt. Bei den meisten anderen befindet sich das Gehirn vorne, hinter der Stirn.

KLEINSTES GEHIRN

Das kleinste Gehirn im Tierreich gehört dem kleinsten Säugetier: der Etruskerspitzmaus. Sie ist nur 4 Zentimeter lang, ihr Gehirn ist so groß wie zwei Reiskörner.

Spitzmaus in natürlicher Größe

IST GROSS GLEICH SUPERSCHLAU?

Ein großes Gehirn macht ein Tier nicht unbedingt besonders intelligent. Das Gehirn eines Pottwals ist sechsmal größer als das eines Menschen, aber deshalb ist der Wal nicht sechsmal schlauer als du. Sein großes Gehirn ist vor allem damit beschäftigt, den riesigen Körper und dessen Funktionen zu steuern.

Um herauszufinden, wie intelligent ein Tier ist, vergleichen Forschende die Größe seines Gehirns mit der seines Körpers.

SÄUGERGEHIRNE

Wie viel wiegen sie?

Pottwal	9000 g
Blauwal	6000 g
Afrikanischer Elefant	5400 g
Großer Tümmler	1600 g
Mensch	1300 g
Flusspferd	600 g
Hund	75 g
Katze	30 g
Hamster	1,4 g
Etruskerspitzmaus	0,06 g

SCHLAUE KERLE

DIE INTELLIGENTESTEN TIERE

Diese Tiere verstehen es,
ihr Gehirn sinnvoll einzusetzen.

SUPER-DELFINE

Unter Wasser kann es sehr dunkel sein, und deshalb orientieren sich hier viele Tiere an Geräuschen. Delfine haben keine großen Ohrmuscheln, sondern ein Organ hinter ihrer Stirn, das man *Melone* nennt. Anhand des Echos der Klicklaute, die der Delfin ausstößt, zeichnet es für das Gehirn eine Karte der Umgebung. Man bezeichnet dies als *Echoortung*.

CLEVERE KRÄHEN

Nicht nur Menschen benutzen Werkzeuge, sondern auch manche Tiere. Es gibt Krähen, die gelernt haben, Nüsse auf die Straße fallen zu lassen, damit darüberrollende Autoreifen sie knacken. Sehr schlaue Krähen nutzen sogar Fußgängerampeln, um beim Einsammeln der Nussstückchen nicht überfahren zu werden.

GESELLIGE GORILLAS

Menschenaffen können nicht so sprechen wie wir Menschen. Sich uns mitteilen können sie trotzdem. Die in Gefangenschaft lebende Gorilladame Koko erlernte zum Beispiel eine einfache Zeichensprache.

Die Psychologin Francine Patterson brachte Koko über 1000 Zeichen der Gebärdensprache bei. Die Gorilladame konnte sich mit Patterson unterhalten und sogar lügen. Als sie einmal etwas kaputt machte, behauptete sie, ihr Kätzchen sei schuld.

Findest du heraus, was die Gebärden hier unten bedeuten? Die Emojis helfen dir dabei.

SCHWATZHAFTE SCHIMPANSEN

Menschenaffen verfügen auch über eigene „Sprachen", in denen sie mit Artgenossen kommunizieren. Die Forscherin Jane Goodall stellte fest, dass Schimpansen sich mit etwa 60 Gebärden miteinander „unterhalten".

Kratze dich unter dem Kinn, als würde dich dort der Bart jucken. In der Schimpansensprache heißt das: „Ich habe Hunger."

ALTE GEHIRNE

WAREN DINOSAURIER SCHLAU?

Dinosaurier konnten sehr unterschiedlich aussehen, und ähnlich verschieden waren auch ihre Gehirne. Dank der Erforschung von Fossilien wissen wir, dass manche Dinosaurier sehr intelligent waren, andere dagegen nicht.

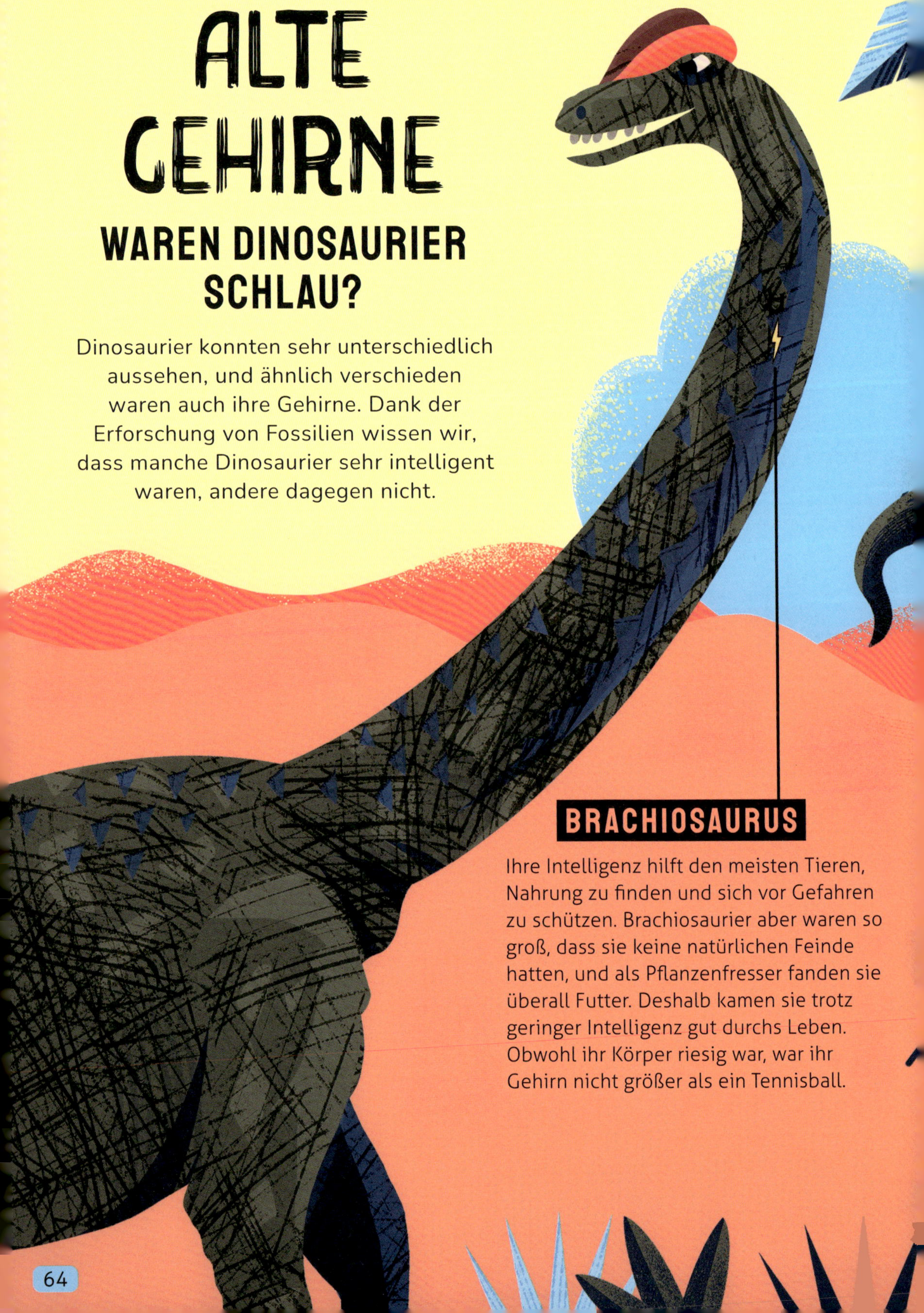

BRACHIOSAURUS

Ihre Intelligenz hilft den meisten Tieren, Nahrung zu finden und sich vor Gefahren zu schützen. Brachiosaurier aber waren so groß, dass sie keine natürlichen Feinde hatten, und als Pflanzenfresser fanden sie überall Futter. Deshalb kamen sie trotz geringer Intelligenz gut durchs Leben. Obwohl ihr Körper riesig war, war ihr Gehirn nicht größer als ein Tennisball.

VELOCIRAPTOR

Oft werden Velociraptoren als die schlauesten Dinosaurier der Urzeit dargestellt. Allerdings haben sie diesen Ruf eher Filmen als Forschungen zu verdanken.

Vermutlich waren sie so intelligent wie Habichte, Adler und andere Raubvögel. Das ist gar nicht so weit hergeholt, denn schließlich sind sie die Vorfahren unserer heutigen Vögel.

TYRANNOSAURUS REX

Wer ein guter Jäger sein will, sollte schlauer sein als seine Beute. Deshalb muss T. rex ganz schön clever gewesen sein. Heute nimmt man an, dass es eher seine Intelligenz als seine Größe oder Kraft war, die ihn zum König der Dinosaurier machte.

Dank Scans von fossilen Schädeln wissen wir, dass T. rex zu den intelligentesten Dinosauriern gehörte. Er könnte so schlau wie ein moderner Schimpanse gewesen sein.

SCHON GEWUSST?

Bisher wurde noch kein einziges vollständiges fossiles Dinosaurier-Gehirn gefunden. Doch mithilfe von sogenannten CT-Scans können Forschende rekonstruieren, wie viel Raum das Gehirn in einem Dinosaurierschädel eingenommen hat.

UNGEWÖHNLICHE GEHIRNE

NICHT ALLE GEHIRNE SEHEN GLEICH AUS

Die Gehirne der meisten Wirbeltiere ähneln einander. Doch 97 Prozent aller Tierarten haben keine Wirbelsäule, und ihre Gehirne können sehr unterschiedlich aussehen. Hier zwei Beispiele.

SPRINGSPINNE

Stell dir vor, dein Gehirn wäre so groß, dass es gar nicht in deinen Kopf passt und deshalb teilweise in deinen Schultern untergebracht ist. Das Gehirn einer Springspinne ist nur so groß wie ein Mohnsamen, doch seine Ausläufer reichen bis in die Beine.

OKTOPUS

Oktopusse sind sehr intelligent. Sie können Rätsel lösen, Gesichter erkennen und sogar ihre Farbe ändern, um sich zu tarnen. Wenn ein Fressfeind einen Oktopusarm ausreißt, bewegt sich der Arm bis zu einer Stunde lang selbstständig weiter. Grund dafür ist, dass in allen acht Armen Ausläufer des Gehirns sind.

SCHON GEWUSST?

Der Oktopus zählt zu den *Wirbellosen*, das heißt, er besitzt keine Wirbelsäule. Tiere mit Wirbelsäule nennt man *Wirbeltiere*.

PROBIER ES AUS: TESTE DEINE OKTOPUS-INTELLIGENZ

Kannst du deinen Körper ebenso gut steuern wie ein Oktopus? Reibe deinen Bauch mit der rechten Hand, während du gleichzeitig deinen Kopf mit der linken Hand tätschelst, das linke Bein kreisen lässt und das Alphabet rückwärts aufsagst. Wenn du das alles kannst, ohne umzufallen, verfügst du über dieselbe Körperbeherrschung wie ein Oktopus.

GEHIRNLOSE TIERE

LEBEN OHNE GEHIRN

Gehirne helfen dabei, Futter zu suchen, sich fortzubewegen und Gefahren zu meiden. Trotzdem gibt es Lebewesen, die ohne Gehirn auskommen.

QUALLE

Anstelle eines Gehirns hat eine Qualle feine Nerven, die ihren Körper als *Nervennetz* durchziehen. Sie verraten der Qualle, wenn an ihren Fangarmen Futterteilchen hängen bleiben. Deshalb braucht sie nicht zu jagen: Sie lässt sich einfach im Wasser treiben und sammelt dabei Futter ein.

REGENWURM

Wenn du etwas Heißes berührst, zuckst du unwillkürlich zurück, weil du auf die Hitze reagierst. Und genau so treffen Regenwürmer ihre Entscheidungen. Sie verfügen über eine sehr vereinfachte Form von Gehirn, die man *Oberschlundganglion* nennt und die ihre Reaktionen auf die Umgebung steuert. Regenwürmer reagieren auf Licht, Berührung und Vibrationen, doch sie können nicht so denken wie wir.

SCHON GEWUSST?

Eine Kakerlake kann bis zu einer Woche ohne Kopf leben. Denn ihr Gehirn steuert nur ihre Augen und Fühler, während das Atmen automatisch über Löcher am Körper erfolgt.

SCHWAMM

Ein Schwamm sieht auf den ersten Blick wie eine Pflanze aus, ist aber ein Tier. Er haftet an Gestein und nimmt aus dem Wasser, das durch ihn hindurchfließt, Nahrung auf. Er besitzt nicht nur kein Gehirn, sondern auch kein Nervensystem. Forschende nehmen an, dass Schwämme vor langer Zeit über Nerven verfügten, sie aber schon vor Millionen von Jahren zurückbildeten – vermutlich, weil Nerven viel Energie verbrauchen und der Schwamm auch gut ohne sie überleben kann.

ZU KLEIN FÜR EIN GEHIRN

DIE SONDERBARE WELT DER EINZELLER

Zellen sind die unvorstellbar kleinen Bausteine, aus denen sich dein Körper zusammensetzt. Ein durchschnittlicher Mensch besteht aus über 37 Billionen Zellen. Doch es gibt auch winzige Lebewesen, die aus nur einer Zelle bestehen. Man nennt sie *Einzeller*. Sie besitzen weder Gehirn noch Nervensystem.

EINZELLIGES WUNDER

Diesen Einzeller nennt man *Amöbe*. Obwohl sie zu klein ist, um ein Gehirn zu besitzen, verhält sie sich, als hätte sie eines. Sie verfügt über Sensoren, die auf Berührung und Licht reagieren und ihr sogar anzeigen, wenn Nahrung in der Nähe ist.

SCHLEIMIG

Diese Seite ist mit einem Pilz überzogen, der ganz anders aussieht als Champignons oder Pfifferlinge. Es handelt sich um einen *Schleimpilz.*

Ein Schleimpilz ist ein einzelliger Organismus, der sich mit Artgenossen vereinigt, um zu einem riesigen, kriechenden Schleimklumpen zu werden.

Schleimpilze sind erstaunlich schlau. Sie können sogar Probleme lösen.

In einem Pariser Zoo lebt ein Schleimpilz namens Blob, der den kürzesten Weg durch ein Labyrinth findet, um an Futter zu kommen. Er sucht sich nicht nur den richtigen Weg, sondern merkt ihn sich, obwohl er kein Gehirn hat.

Schleimpilze sind nicht nur aufmerksame Schüler, sondern auch gute Lehrer. Wenn man ein Stückchen Schleimpilz im Labyrinth lässt und dann ein zweites Stückchen dazugibt, vereinigen sie sich und wissen beide sofort, wie sie an das Futter kommen. Das ist ein bisschen so, als würdest du dich an deinen Mathelehrer kleben und sofort die Lösungen deiner Hausaufgabe wissen.

5

SIND DAS HIER GEHIRNE?

Tiere haben Gehirne, aber, wie wir gesehen haben, nicht einmal alle Tiere. Darüber hinaus gibt es viele Dinge und Lebewesen, die sich so verhalten, als hätten sie ein Gehirn. Sie bewegen sich gezielt, nehmen aus ihrer Umgebung Informationen auf und reagieren auf sie.

Dieses Verhalten ist an künstlichen, von Menschen gemachten Gehirnen zu beobachten. Und auch an Pflanzen und anderen Lebewesen. Das folgende Kapitel befasst sich mit ihnen und fragt: Wann ist ein Gehirn kein Gehirn?

HELLO

BEMERKENSWERTE ROBOTER

IST EIN KÜNSTLICHES GEHIRN ÜBERHAUPT EIN GEHIRN?

Ein Roboter ist eine Maschine, die automatisch Aufgaben erfüllt. Je weiter die technische Entwicklung voranschreitet, desto komplizierter werden diese Aufgaben. Heute gibt es Computer, die über Sensoren ihre Umgebung sehen und hören. Anhand dieser Informationen entscheiden sie, was sie als Nächstes tun – auf ähnliche Weise wie ein Mensch, der ja ein Gehirn hat. Haben Roboter also auch ein Gehirn?

DIE GEBURT DER ROBOTER

Die ersten Roboter wurden *Automaten* genannt und konnten gewöhnlich nur eine einzige Aufgabe bewältigen. Als Richard II. im Jahr 1377 König von England wurde, krönte ihn ein mechanischer Engel, der von der Decke heruntergelassen wurde.

Seither haben Roboter eine enorme Entwicklung durchgemacht, müssen aber immer noch von Menschen programmiert werden. So gibt es Roboter in Autofabriken, die wirken, als würden sie selbstständig arbeiten. Tatsächlich aber werden sie von einem Programm gesteuert, dass ein Mensch geschrieben hat.

DER MARS-ROBOTER

Der Rover *Curiosity* („Neugier") ist ein Roboter, der zum Mars geschickt wurde. Weil es sehr lange dauert, bis die von ihm gesendeten Informationen die Erde erreichen, und die Antwort ebenfalls erst sehr spät käme, fällt der Rover eigene Entscheidungen. Dank seiner *künstlichen Intelligenz* (KI) nimmt er seine Umgebung wahr und „begreift", wo er was tun soll.

AUTONOMES FAHREN

Curiosity fährt selbstständig auf dem Mars herum. Aber wie sieht es auf der Erde aus? Mit Kameras und Lichtsensoren ausgestattete Autos sollen autonom fahren können, ohne dass ein Mensch sie lenkt. Bald werden sie auf unseren Straßen unterwegs sein.

SCHON GEWUSST?

1770 wurde ein Roboter vorgestellt, der angeblich sehr intelligent sein sollte. Der sogenannte „Schachtürke" schien in der Lage zu sein, Menschen im Schachspiel zu besiegen. Die Welt staunte, bis herauskam, dass sich in seinem Inneren ein begabter Schachspieler versteckte!

COMPUTER ODER GEHIRN

WER IST SCHLAUER?

Dein Gehirn kann große Mengen an Informationen sehr schnell verarbeiten, und jedes einzelne Neuron verhält sich wie ein winziger Computer. Wird es jemals einen Computer geben, der genau wie unser Gehirn funktioniert?

STROM AN!

Summit ist einer der fähigsten Computer der Welt und kann 200 Billiarden Berechnungen pro Sekunde ausführen. Er ist so groß wie zwei Tennisplätze und verbraucht so viel Strom wie 10 000 Häuser. Ein menschliches Gehirn ist fünfmal schneller, viel kleiner und verbraucht nur so viel Strom wie eine kleine Glühlampe.

Eine Festplatte mit derselben Kapazität wie dein Gehirn könnte 18 000 Filme, 150 Millionen Songs oder ein Buch mit über sechs Billionen Seiten speichern.

WIRD EIN COMPUTER JEMALS UNSER GEHIRN ÜBERTREFFEN?

Manches kann ein Computer besser als ein menschliches Gehirn. Dazu gehört das gleichzeitige Lösen von Hunderten von mathematischen Aufgaben. Stell dir vor, du müsstest mehrere Berechnungen gleichzeitig ausführen oder rückwärts zählen und gleichzeitig das Einmaleins aufsagen. Für ein menschliches Gehirn ist das so gut wie unmöglich.

Computer sind außerdem gut darin, sich lange Listen von Informationen zu merken. Kannst du dich an sämtliche Websites erinnern, die du jemals besucht hast? Wahrscheinlich nicht, aber dein Computer kann es.

MAUSMASCHINE

SpiNNaker ist ein gewaltiger Supercomputer, der sich wie ein Mäusegehirn verhält. Stell dir einen Raum vor, in dem 1200 Leiterplatten zu hohen Säulen verbunden sind. Denn so sieht *SpiNNaker* aus. Allerdings müsste er noch 1000-mal komplexer sein, um es mit einem menschlichen Gehirn aufnehmen zu können.

PFIFFIGE PFLANZEN

KÖNNEN PFLANZEN DENKEN?

Pflanzen reagieren laufend auf das, was um sie herum geschieht. Aber wie kriegen sie das ohne Gehirn eigentlich hin?

DAS INNENLEBEN DER PFLANZEN

Pflanzen besitzen weder Neuronen noch ein Nervensystem, dafür aber viele Sensoren. In deinen Augen gibt es vier Typen von *Fotorezeptoren*, Pflanzen verfügen über wesentlich mehr davon. Deshalb nehmen sie Licht auf eine wesentlich komplexere Weise wahr als wir. Das ist sinnvoll, denn sie erzeugen mithilfe von Licht ihre Nahrung.

HABEN PFLANZEN GEFÜHLE?

Pflanzen setzen ihre Sensoren auf eine andere Weise ein als Tiere ihre Gehirne. Pflanzen denken oder träumen nicht. Sie werden nicht auf andere Pflanzen neidisch, die in besseren Böden wachsen. Und sie fühlen keinen Schmerz. Du kannst also weiterhin unbesorgt Obst und Gemüse essen!

PROBIER ES AUS: DER SONNE ENTGEGEN

Suche dir zu Hause eine Topfpflanze und beobachte sie mehrere Tage lang. Wenn sie auf dem Fensterbrett steht, wird sie auf das Sonnenlicht zu wachsen. Drehst du den Topf so, dass die Pflanze vom Licht wegzeigt, wirst du nach einigen Tagen feststellen, dass sich die Pflanze wieder dem Licht zugewandt hat. Auf diese Weise fangen Pflanzen möglichst viel Sonnenlicht ein, das sie brauchen, um zu gedeihen. Sie sind auch ohne Gehirn schlau!

Eine Pflanze wächst auf das Sonnenlicht zu.

WALDWEITES NETZ

Hast du gewusst, dass Pflanzen Nahrung miteinander teilen? Das ermöglichen ihnen *Mykorrhizapilze*. Deren dünne weiße Pilzfäden umgeben die Wurzeln von zahlreichen Pflanzenarten und bilden miteinander riesige unterirdische Netzwerke, Mykorrhiza-Netzwerke genannt. Über diese Netzwerke tauschen Pflanzen und Pilze Nährstoffe und Mineralien miteinander aus, sowie chemische Stoffe, die sie vor Krankheiten schützen.

BEWUSSTSEINS-KONTROLLE

GRUSELIGE ZOMBIEMEISTER

In der Natur gibt es Phänomene wie aus einem Horrorfilm. Am unheimlichsten ist, dass sie tatsächlich passieren.

WESPENHEXEREI

Warum marschieren Kakerlaken ihrem sicheren Tod entgegen?

Weil sie **MANIPULIERT** werden!

Die in Teilen Afrikas und Asiens heimische Juwelwespe sorgt auf ganz besondere Weise für ihren Nachwuchs. Wenn sie eine Kakerlake sticht, vernichtet ihr Gift in deren Gehirn Neuronen mit der Folge, dass die Kakerlake ihr Verhalten ändert.

Die Kakerlake kann keine eigenen Entscheidungen mehr treffen und lässt sich von der Wespe in deren Bau führen. Hier wird sie zum Futter der Wespenlarven.

FURCHTERREGENDER PILZ

Ophiocordyceps unilateralis ist eine Pilzart aus dem tropischen Regenwald, die sich auf sehr eigenartige Weise verbreitet.

Die Pilzsporen heften sich an vorbeikrabbelnde Ameisen und graben sich durch deren harten Körperpanzer bis in das Gehirn hinein. Hier verändern sie das Verhalten der Ameisen.

Anstatt sich selbstbestimmt zu bewegen, wird die Ameise von nun an vom Pilz gesteuert.

Was nun folgt, ist nichts für schwache Nerven. Die Ameise klettert so hoch wie möglich auf einen Baum, beißt sich in dessen Krone in einem Blatt fest und rührt sich nicht mehr. Es sieht aus, als würde sie schlafen. Tatsächlich aber gehen in ihr grausame Dinge vor ...

Die Sporen in ihrem Kopf wachsen, und ... **BUMM!** quillt der neue Pilz aus dem Ameisenkörper.

Hier oben in der Baumkrone kann er sich ausbreiten und selbst Sporen erzeugen. Der Teufelskreis beginnt von vorne.

6

VERGANGENHEIT, GEGENWART UND ZUKUNFT

Seit Tausenden von Jahren studieren Menschen das Gehirn und werden es wohl auch in Zukunft immer weiter erforschen. Vorstellungen aus vergangenen Zeiten kommen uns heute oft gefährlich, ekelhaft oder einfach nur seltsam vor. Dennoch trugen sie dazu bei, das Wissen aufzubauen, über das wir heute verfügen.

Unser Verständnis der Arbeitsweise des Gehirns verändert sich laufend. Was werden Neurowissenschaftler wohl als Nächstes entdecken?

FINSTERE VERGANGENHEIT

DIE GESCHICHTE DER HIRNFORSCHUNG

Schon seit langer Zeit sind Forschende vom Gehirn fasziniert. Allerdings wusste man anfangs nicht, wie wichtig es ist.

ALTES ÄGYPTEN

Wenn die alten Ägypter eine Leiche in eine Mumie verwandelten, gaben sie Leber, Därme, Lunge und Magen in eine besondere Urne. Sie glaubten, der Tote würde sie im Jenseits wieder brauchen. Das Gehirn dagegen galt als unwichtig. Sie holten es mittels Metallhaken durch die Nase aus dem Schädel und **ZOGEN** dabei die Gehirnwindungen durch die Nasenlöcher heraus.

SCHON GEWUSST?

Eine der ältesten Formen der Hirnchirurgie ist die *Trepanation*, die darin besteht, ein Loch in den Schädel zu bohren. Sie wurde bereits vor 7000 Jahren angewandt, weil man glaubte, dass dadurch schlechte Gedanken oder Dämonen aus dem Gehirn entweichen konnten. Heute führt man sie noch immer durch, aber nur, um Gehirnblutungen zu behandeln.

ANTIKES GRIECHENLAND

Aristoteles und andere griechische Philosophen hielten das Herz für den Sitz der menschlichen Intelligenz. Sie dachten, die Aufgabe des Gehirns bestünde darin, das Blut zu kühlen, um Wutanfälle zu mildern. Manche Gelehrte jener Zeit glaubten sogar, Tiere würden deshalb wütender als Menschen, weil sie kleinere Gehirne haben.

Die Wende kam um 500 v. Chr. durch Alkmaion von Kroton. Er erkannte, dass Gehirn und Geist dasselbe sind und dass das Gehirn mit allen Sinnen verbunden ist.

RENAISSANCE

In der *Renaissance* (zwischen 1300 und 1500 n. Chr.) erwarben Naturforscher und Künstler – darunter auch der berühmte Leonardo da Vinci – aus Friedhöfen gestohlene Leichen, schnitten sie auf und zeichneten alles ab, was sie dadurch sehen konnten. Forschende der Renaissance erstellten als Erste detaillierte Karten des menschlichen Gehirns und veränderten so die allgemeinen Vorstellungen von der Funktionsweise des Körpers.

MODERNE NEURO-WISSENSCHAFT

DER KLARE BLICK AUF DAS GEHIRN

Heutige Forschende können in das Gehirn hineinschauen, ohne dafür den Schädel aufbohren zu müssen. Hier siehst du einige der Methoden, mit denen sie den Leuten in den Kopf schauen.

PERFEKTE BILDER

Ein *MRT-Scanner* (MRT steht für „Magnetresonanztomografie") kann Aufnahmen vom Gehirn machen. Für diese Scans muss man sich in einen riesigen Magneten legen, der sich dann laut klopfend um einen dreht. Eigentlich sind Menschen ja nicht magnetisch. Doch der riesige Magnet bewirkt, dass der Körper Energie abgibt. Diese wird von dem Scanner aufgenommen, der daraus genaue Abbildungen von allem macht, was im Kopf ist.

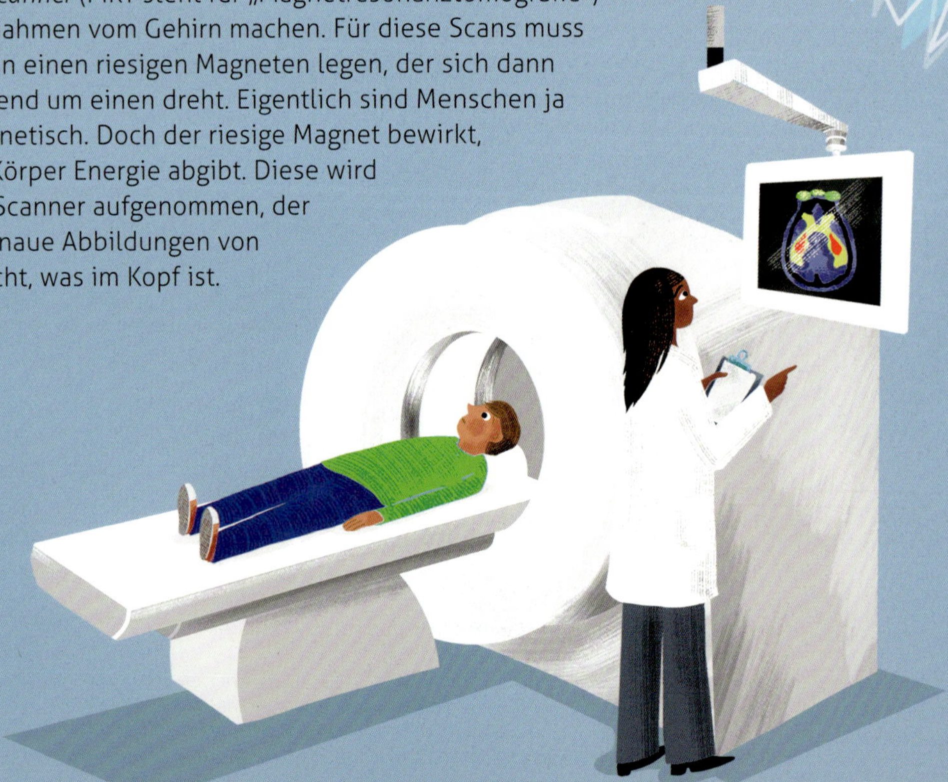

HIRNWELLEN

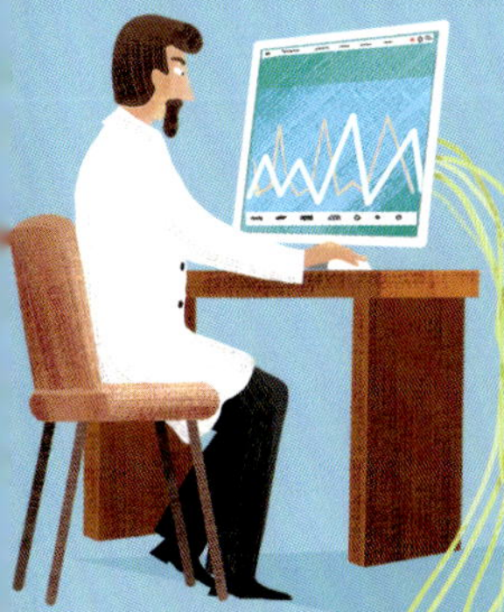

Neurowissenschaftler müssen sich das Gehirn nicht unbedingt immer ansehen, sondern wollen manchmal nur wissen, was es so macht. Das können sie mit einem *EEG-Gerät* herausfinden (EEG steht für „Elektroenzephalografie"). Das Gerät zeichnet *Gehirnwellen* auf. Das sind die kleinen vom Gehirn ausgehenden elektrischen Signale, an denen man ablesen kann, wie das Gehirn funktioniert.

FUNKEN FINDEN

Hilfreich ist das EEG zum Beispiel bei der Untersuchung von Menschen, die an *Epilepsie* leiden. Epilepsie löst elektrische Entladungen im Gehirn aus, die Krampfanfälle verursachen. Das EEG verrät, wo im Gehirn die Entladung stattfindet.

DIE KRAFT DER GEDANKEN

Mittlerweile sind Gehirnwellen so gut erforscht, dass man Maschinen bauen kann, die von ihnen gesteuert werden. Ein Beispiel sind Roboterarme für Menschen, die Arme verloren haben, oder Roboteranzüge, die Gelähmten ermöglichen, zu laufen. Gesteuert werden diese Maschinen von *Gehirn-Computer-Schnittstellen.* Diese reagieren auf Gehirnsignale, sodass der Nutzer nur zu denken braucht, wie sich der Arm bewegen soll – und der Roboterarm gehorcht den Gedanken!

AUSBLICK AUF DIE ZUKUNFT

WAS PASSIERT IN DER NEUROWISSENSCHAFT?

Stell dir eine Zukunft vor, in der du allein mit deinen Gedanken Autos lenken, Videospiele spielen oder im Internet surfen kannst. Die Verbindung von technischem Fortschritt und unserem erstaunlichen Gehirn schafft unendlich viele Möglichkeiten.

GEHIRN-BACK-UP

Was, wenn du alles, was in deinem Gehirn ist, auf den Computer eines Roboters überspielen könntest? Der Roboter würde sich genauso wie du verhalten. Derzeit ist das noch nicht möglich, aber eines Tages, wer weiß ... Deshalb zahlen manche Menschen heute schon sehr viel Geld dafür, dass ihr Gehirn nach ihrem Tod konserviert wird. Sie hoffen, dass Forschende der Zukunft ihre Erinnerungen überspielen oder vielleicht sogar ihre Gehirne wieder zum Leben erwecken können.

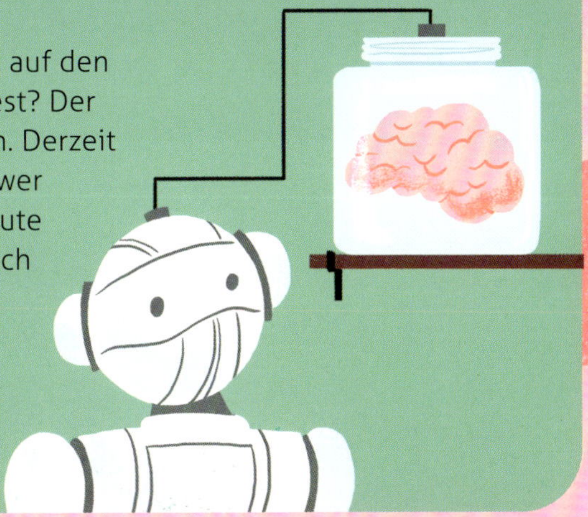

BEEINDRUCKENDE ORGANOIDE

Vielleicht züchten Forschende eines Tages künstliche Gehirne. Dafür könnten sie *Organoide* verwenden. Das sind winzige Zellgruppen, die im Labor nachahmen, was in bestimmten Regionen des Körpers geschieht.

Bei einem Experiment wurden die Organoide mit einem kleinen Roboter verbunden, damit sie sich wie Gehirnzellen verhielten. Erstaunlicherweise gaben sie untereinander elektrische Signale weiter, erzeugten also sehr einfache Gehirnwellen. Vielleicht war dies der erste Schritt auf dem Weg zum Nachbau eines funktionierenden Gehirns.

SCANNER-SPRACHE

Die Neurowissenschaft versucht, das Leben von Menschen mit Behinderungen zu verbessern. Forschende haben bereits eine Maschine entwickelt, die Gehirnwellen liest und in Sprache umwandelt. Eine Erfindung, die das Leben von Menschen erleichtert, die nicht sprechen oder einen Computer steuern können.

TESTE DEIN GEHIRN

Willst du dein Gehirn noch einmal auf die Probe stellen?
Hier ein paar interessante Aufgaben:

DAS LOCH IN DEINER HAND

Aus dem, was deine zwei Augen sehen, fügt dein Gehirn ein Bild zusammen. Dieses Experiment beweist es.

1. Rolle ein Blatt Papier zu einer Röhre und schaue mit einem Auge hindurch, wie durch ein Teleskop.

2. Lass das andere Auge offen und halte eine Hand im Abstand von 5 Zentimetern davor. Deine Handkante muss die Papierröhre berühren.

3. Jetzt sieht es für dich aus, als hätte deine Hand ein Loch.

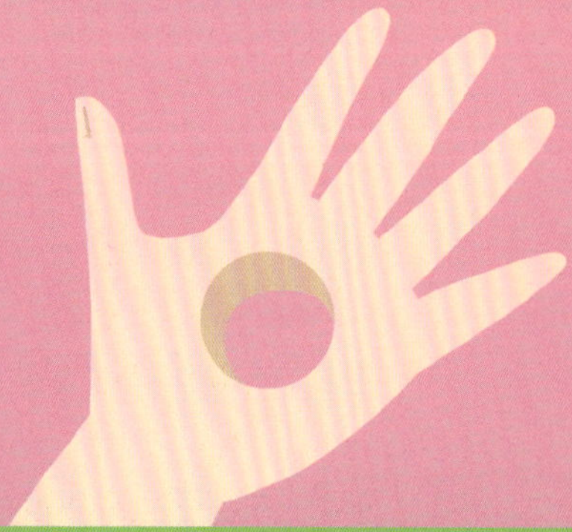

WAS IST PASSIERT?

Normalerweise schaust du mit beiden Augen dasselbe Objekt an, und dein Gehirn verarbeitet die empfangenen Informationen zu einem deutlichen Bild. Hier aber sehen deine Augen zwei unterschiedliche Dinge, und das Gehirn kann daraus nicht ein Bild machen, sondern lässt die beiden Bilder überlappen und eine optische Illusion entstehen.

GESCHMACKSTEST

Schließe die Augen, und halte dir die Nase zu, sodass du weder sehen noch riechen kannst. Bitte eine Person, dich mit Nahrungsmitteln zu füttern, ohne dir zu verraten, was du da isst. Du wirst feststellen, dass es dir schwerfällt, die Speisen zu erkennen.

WAS IST PASSIERT?

Deine Sinne arbeiten zusammen, um dein Gehirn darüber zu informieren, was du gerade erlebst. Geschmack ist nur einer deiner Sinne, und normalerweise wird er von den anderen Sinnen unterstützt. Wenn du weder sehen noch riechen kannst, fehlen deinem Gehirn gewohnte Informationen, und seine Arbeit wird erschwert.

GLOSSAR

Hier findest du die Erklärungen für die im Buch verwendeten Fachbegriffe.

Embryo
Das sich in der Gebärmutter entwickelnde Menschen- oder Tierbaby.

Epilepsie
Eine Erkrankung des Gehirns, die Krampfanfälle auslösen kann. Elektrische Entladungen zwischen Gehirnzellen bewirken die Krämpfe.

Fossil
In Gestein mineralisierter Körperteil oder Abdruck eines Lebewesens. Manche Fossilien sind Millionen von Jahren alt.

Fotorezeptoren
Zellen oder Organe, die Licht wahrnehmen.

Künstliche Intelligenz (KI)
Programme, die Computern ermöglichen, sich ähnlich wie das Gehirn eines Tieres oder eines Menschen zu verhalten.

Larve
Junge Insekten, die aus ihren Eiern geschlüpft sind, aber noch nicht die erwachsene Form angenommen haben.

Mumifizierung
Die Umwandlung einer Leiche in eine Mumie. Die alten Ägypter mumifizierten viele ihrer Toten.

Optische Illusion
Eine Täuschung, die das Gehirn glauben macht, dass es etwas anderes sieht, als es tatsächlich vor sich hat.

Organismus
Alle Lebewesen sind Organismen.

Sporen
Von einem Pilz oder einer Bakterie erzeugte Zellen, aus denen sich ein neuer Pilz oder eine neue Bakterie entwickeln kann.

Trillion
Eine Zahl mit 18 Nullen.

Trommelfell
Ein straff gespanntes Häutchen im Ohr, das von Schallwellen zum Vibrieren gebracht wird.

REGISTER

Little House of Science ist ein von **Veronika Covington, Liliana Crachilova** und **Elisabeth Keck** gegründeter Zusammenschluss junger Forschender mit Sitz in London. Mittels projektbezogener Aktionen regen sie die angeborene Neugier von Kindern an. Sie haben es sich zum Ziel gesetzt, Kindern zu ermöglichen, die Welt um sie herum zu erkunden und zu verstehen. Alljährlich unterstützen sie Tausende von Kindern bei MINT-basiertem Lernen.

Tim Kennington arbeitet mit dem **Little House of Science** zusammen, um Kinder so zu unterrichten, dass sie Freude am Lernen haben.